O massacre da natureza

Júlio José Chiavenato

Autor de *O golpe de 64 e a ditadura militar*; *Ética globalizada & sociedade de consumo*; *As lutas do povo brasileiro — do "descobrimento" a Canudos*, pela Editora Moderna, e *Religião, da origem à ideologia*, pela Funpec.

2ª edição
27ª impressão

Edição reformulada

© JÚLIO JOSÉ CHIAVENATO 2005
1ª edição 1989

COORDENAÇÃO EDITORIAL Lisabeth Bansi e Ademir Garcia Telles
PREPARAÇÃO DE TEXTO José Carlos de Castro
COORDENAÇÃO DE PRODUÇÃO GRÁFICA André Monteiro
COORDENAÇÃO DE REVISÃO Elaine Cristina del Nero
REVISÃO Fernanda H. Kanawati
EDIÇÃO DE ARTE, PROJETO GRÁFICO E CAPA Ricardo Postacchini
DIAGRAMAÇÃO Camila Fiorenza Crispino
FOTO CAPA CID
COORDENAÇÃO DE PESQUISA ICONOGRÁFICA Ana Lucia Soares
COORDENAÇÃO DE BUREAU Américo Jesus
PRÉ-IMPRESSÃO Helio P. de Souza Filho, Marcio Hideyuki Kamoto
COORDENAÇÃO DE PRODUÇÃO INDUSTRIAL Wilson Aparecido Troque
IMPRESSÃO E ACABAMENTO Forma Certa
LOTE 288436

Dados Internacionais de Catalogação na Publicação (CIP)
(Câmara Brasileira do Livro, SP, Brasil)

Chiavenato, Júlio José, 1939-
   O massacre da natureza / Júlio José Chiavenato. —
2. ed. reform. — São Paulo : Moderna, 2005. —
(Coleção polêmica)

   Inclui suplemento para o professor.
   Bibliografia.

   1. Ecologia 2. Ecologia - Aspectos políticos
3. Ecologia - Filosofia I. Título. II. Série.

05-3130   CDD-304.2
                                              304.201

Índices para catálogo sistemático:
1. Ecologia : Aspectos políticos   304.2
2. Ecologia : Filosofia   304.201
3. Ecologia : Sociologia   304.2

Reprodução proibida. Art.184 do Código Penal e Lei 9.610 de 19 de fevereiro de 1998.

Todos os direitos reservados

EDITORA MODERNA LTDA.
Rua Padre Adelino, 758 - Belenzinho
São Paulo - SP - Brasil - CEP 03303-904
Vendas e Atendimento: Tel. (0_ _11) 2790-1300
Fax (0_ _11) 2790-1501
www.modernaliteratura.com.br
2020

Impresso no Brasil
1   3   5   7   9   10   8   6   4   2

Como o jacinto

Como o jacinto que os pastores
calcam aos pés nos montes
e ainda abre a sua flor
de púrpura no chão.

Safo, século VII a.C.
(tradução de Péricles Eugênio da Silva Ramos)

Sumário

INTRODUÇÃO 7

1. Pensar a ecologia repensando a sociedade................. 10

Ecologia, uma questão global 10

Um conflito entre o *ser* e o *ter*.............................. 12

Por que não acreditar na verdade? 14

Voltando ao nosso tema...15

O poder sem *ter* nem *ser* 16

O que é o homem? 18

O homem é um animal livre 19

Além das aparências 19

Já não basta "interpretar" o mundo 21

2. Além do mito industrial 24

Países ricos são os mais poluídos e poluidores 24

O capitalismo antiecológico 26

Será que o homem é "burro"?...................................28

Ideologia à parte, estamos morrendo.........................31

É preciso saber do que se trata 33

3. A alimentação capitalista... 35

Um beco sem saída 35

O cheiro do amor..37

Supersafra, mais fome...38

Como o sistema trai os cientistas...............................42

Nasce a "cozinha química" 43

Cegando as crianças 44

A água nos Estados Unidos 46

O lucro matando a natureza......................................48

Envenenando os alimentos 50

Nunca se sabe o que se come 51

4. O "progresso" destruiu nosso potencial agrícola 54

O motor da fome no mundo 54

Os paradoxos do "progresso" 56

Uma insaciável engrenagem...58

E daí?..60

Só o lixo acabaria com a fome 62

5. Nossas madeiras, florestas e o império da cana e da soja 66

Destruindo o equilíbrio vital...66

A natureza não é passiva 68

As florestas em extinção 70

Como perder a Amazônia 71

Lições que não aprendemos 74

O homem que mata é herói..76

Passivo, o homem não pensa 78

A cana vai asfixiando tudo 79

Surgem os oligopólios...80

6. Agente Laranja: do crime ao desastre........................... 83

Depois do DDT não paramos...83

Em cena o Agente Laranja 85

Agora, em cima dos caboclos 88

Como foi nos Estados Unidos 90

7. A política atômica num caminho sem volta 93

Banalização do perigo atômico 93

Só denúncia não basta 96

Como fizeram da Terra uma bomba 98

Mortos antes de nascer 99

Nossas Angras: trágica piada 101

8. A indústria da guerra é a maior do mundo 104

O controle ideológico..`104

Guerra, um ótimo negócio 106

Poluição e muito dinheiro 108

Como foi no Brasil, como é no mundo 111

9. Petróleo, uma estratégia de apropriação da técnica 112

Negócios, guerras e ecologia 112

Todo o processo é poluidor 113

10. Saúde e doença, e crianças sem cérebro 116

O envenenamento contínuo 116

Subvertendo e degradando o homem 118

A saúde como mercadoria 119

Então, crianças sem cérebro 121

Da Vila Socó à "boa imagem" 123

11. A água do mundo está ameaçada 125

O "caldo" e o fim do mar de Aral 125

Um "produto" em extinção 128

A cobiça pela nossa água 129

12. A escola hierarquizando o mundo 132

Ainda há esperança? 132

CONSIDERAÇÕES FINAIS 135

BIBLIOGRAFIA 136

Introdução

Não adianta chorar a árvore derrubada. Lágrimas não purificam o rio poluído. Dor ou raiva não ressuscitam os animais. Não há indignação que nos restitua o ar puro. É preciso ir à raiz do problema.

Esta é a tentativa deste livro: desvendar *por que* o homem cava sua própria sepultura, degradando o ambiente; ir além da denúncia; penetrar no âmago do sistema; saber por que nas sociedades industriais o mecanismo do lucro leva ao desastre ecológico.

No entanto, não basta esse mergulho econômico-político; é essencial ir mais fundo e analisar filosoficamente a questão – um caminho fascinante, às vezes assustador. Neste livro, a ecologia é entendida globalmente, cotejando a importância do equilíbrio ambiental e as ameaças para a sobrevivência da humanidade.

A crítica ao capitalismo é contundente, porque é a sua realidade que nos afeta. Quando ainda existia o bloco socialista, tínhamos poucos dados sobre os problemas ecológicos nos países liderados pela ex-União Soviética. Com o fim do socialismo soviético, não só soubemos da gravidade da agressão ambiental naqueles países como constatou-se que esses problemas aumentaram com o vácuo deixado pela ausência do Estado e pela cobiça de empresários emergentes ou estrangeiros.

A ascensão industrial dos países asiáticos – os chamados Tigres – provocou o aumento da poluição em quase toda a Ásia. Além dos resíduos industriais, enormes cidades de aparência moderna e milionária, como Hong Kong e Seul, escondem seus pobres, por sinal a grande maioria dos habitantes, em bairros periféricos, sem água encanada, esgoto ou qualquer vigilância sanitária. A ONU informa que cerca de 1,3 bilhão de pessoas não tem abastecimento de água e quase 3 bilhões de seres humanos não têm saneamento básico.

Esse descaso ao saneamento básico é uma realidade bem conhecida dos brasileiros. Grandes cidades, e até capitais, como Natal, no Rio Grande do Norte, não possuem rede de esgoto: usam-se fossas. A situação tem piorado: a *Folha de S.Paulo*, de 16-01-2005, informa que os dois primeiros anos do governo Lula "registraram o menor investimento em saneamento da última década". Até o final do seu governo, o quadro não se modificou substancialmente. Piorou um pouco. Segundo o Pnad (Perquisa Nacional por Amostra de Domicílios), o número de residências sem rede coletora de esgostos ou fossa séptica subiu de 59,1% em 2008 para 59,3% em 2010. Com a tendência do Estado em transferir para a iniciativa privada os serviços de abastecimento de água e implantação das redes de esgotos – que certamente encarecerão para dar lucros aos investidores – há o risco de os pobres continuarem em más condições sanitárias. Como se sabe, o saneamento básico é um dos pilares na luta contra a poluição ambiental.

Internacionalmente, o fim da Guerra Fria (o debate ideológico e a corrida armamentista entre os Estados Unidos e a ex-União Soviética, com alguns confrontos bélicos significativos, como no Vietnã, no Afeganistão, no Iraque, nas tentativas de invadir Cuba) possibilitou inicialmente uma maior pressão sobre os governos ocidentais, em defesa do ambiente. Mas em pouco tempo as vozes de protesto contra as agressões ambientais enfraqueceram, pois consolidou-se a ideia de que o "mercado" resolveria os problemas sociais à medida que houvesse "progresso" econômico, que, por sua vez, beneficiaria a população. É uma velha ideia, que não tem dado certo, impondo-se com nova roupa: agora, o velho e conhecido capitalismo foi promovido a "mercado".

Uma das provas disso é que os Estados Unidos, apesar da crise que afeta sua indústria, continuam campeões absolutos da degradação ambiental, responsáveis por cerca de 40% da poluição no mundo. Este fato agravou-se pela recusa do presidente George W. Bush em assinar o Protocolo de Kyoto (que entrou em vigor em 16 de fevereiro de 2005), alegando que o controle sobre os níveis de poluição nos Estados Unidos prejudicaria sua indústria, provocando maiores custos e desemprego. Esse é um argumento falacioso: a implantação de uma política ambiental e consequente controle das indústrias poluidoras exigiriam a produção de instrumentos específicos, gerando novos empregos e investimentos. Se é assim, por que resistem?

Para responder a essa e outras questões relativas, este livro pretende mostrar as origens do comportamento agressivo contra a natureza, pensando a ecologia em profundidade, ressaltando suas raízes filosóficas, econômicas, políticas e culturais. Para isso apoia-se na ciência e em fatos comprovados, desprezando muletas românticas ou panfletárias e ciladas ideológicas.

1. Pensar a ecologia repensando a sociedade

O HOMEM **está** NA NATUREZA. ELE É RESULTADO DA EVOLUÇÃO BIOLÓGICA, DA HERANÇA GENÉTICA E DOS CONDICIONANTES SOCIAIS, POLÍTICOS E CULTURAIS DO AMBIENTE, QUE INFLUENCIAM SUA PERSONALIDADE E SE REFLETEM NAS SUAS AÇÕES. A FILOSOFIA ENSINA O HOMEM A **ser**, INTERPRETAR E MUDAR O MUNDO.

Ecologia, uma questão global

Até há pouco tempo foi aparentemente fácil escrever sobre ecologia. Não era preciso ser ecólogo, às vezes nem ecologista ou sequer escritor. Bastava citar uns gases, cheiros horríveis, alimento químico, cidades poluídas, umas gotas de indignação, outras de louvor à natureza, enlevo espiritual e poético, comida vegetariana. Assustava-se as pessoas com a contaminação atômica, a morte lenta mas inexorável de rios e mares, os agrotóxicos, calamidades como o uso de desfolhantes no Vietnã (e não só lá: no Brasil também – e não estávamos em guerra) e até o exemplo "pitoresco" de um rio nos Estados Unidos que, de tão poluído, pegou fogo. No Brasil, também aconteceu algo parecido: em 1983, o rio Atibaia "incendiou-se".

Tudo isso, basicamente verdadeiro, e mais alguma habilidade, e eis um livrinho fácil e atrativo. Com humor, tragédia, romantismo e poesia, temperado com um certo cientificismo: nas décadas de 1970 e 1980, ecologia era "novidade" recente; o "chutômetro" foi exercido sem muita responsabilidade; e os ecólogos, ao contrário de outros cientistas, não sentiam muito ciúme da sua "especialidade".

Com algumas exceções clássicas, foi e tem sido assim. Alguém dotado de paciência seleciona notícias e as condensa em livro, provando que o homem é um estúpido, envenena o ar e a água, assassina a Terra e, para obter lucros fantásticos, provoca o nascimento de crianças sem cérebro.

Alguns alarmistas criticaram as usinas nucleares, fizeram a estatística dos mísseis e das bombas, e decretaram: "eles" podem destruir o mundo em 2 ou 3 minutos. Os "profetas" disseram que em trinta anos não haveria mais cobre, ouro e prata na Terra; o ar estaria irrespirável no final do século XX. Muitos previram o fim dos recursos para a vida humana, se as pessoas não parassem com essa mania antiga de ter filhos. E, como sabemos, o fim do século já passou... as profecias têm mais de trinta, quarenta anos e continuamos a respirar e a ter filhos.

Da mesma forma que existe um complexo industrial que polui e ao mesmo tempo lucra ao fabricar e vender a tecnologia da despoluição, oportunistas se aproveitaram de um assunto em moda e encomendaram livros com urgência, para chegar ao mercado antes dos concorrentes. A qualidade pouco importava. Talvez por isso surgiram tantos livros mais ou menos parecidos com os publicados na Europa e nos Estados Unidos.

Este livro não se preocupa em condenar os exageros das denúncias catastróficas ou as louvações alienantes em defesa do ambiente. Menos ainda em fazer uma revisão sobre o que já foi dito a respeito do problema ecológico. E não é um livro de certezas. Trata-se de uma tentativa, aberta ao debate, de trabalhar com tudo isso, aplicando também outra visão, buscando demonstrar que o problema ecológico não é só ecológico. Neste livro, a questão ambiental é tratada como um problema político e econômico, dentro de um contexto social, que exige uma análise ampla.

A agressão ao ambiente é um problema ecológico resultante de opções políticas e econômicas. Porém, no fundo da questão, que permite um mundo hostil ao homem, com tanta passividade da grande maioria, trata-se radicalmente de um problema filosófico.

A partir dessas ideias gerais escrevi este livro.

Espero que o leiam e discordem dele. "A dúvida é o início do conhecimento", ensinou o filósofo René Descartes. Sem ceticismo, com espírito crítico, duvidar para criticar e, criticando, encontrar novos argumentos, corrigir e acrescentar. Ou negar, sabendo.

Um conflito entre o *ser* e o *ter*

Pense em uma rosa.

Esse é o problema.

Dois verbos revelam a estupidez humana: ter e ser. Comecemos analisando o desprezo humano pela natureza, analisando o conceito de beleza. Não se trata de perguntar o que é belo, mas de saber como desfrutamos daquilo que por uma série de circunstâncias achamos belo.

Pensemos em uma rosa.

A maioria das pessoas imaginará uma rosa *cortada* da roseira. Precisamos *ter* a rosa num vaso, nas mãos, enfim *nossa*, para admirarmos sua beleza. No mundo ocidental, fruto de uma tradição de alguns milênios, é essencial possuirmos a beleza para cultuá-la. Eis uma excelente justificativa para mutilarmos a roseira. A beleza não é para ser cultivada enquanto tal, mas como possibilidade de a possuirmos, transformando-a em riqueza.

Esse processo não nasceu ontem: praticamente surgiu quando o homem, depois de aprender a trabalhar e em seguida a pensar, inaugurou o modo de dominação sobre seu semelhante.

O *ter*, aprimorado com a dominação de classes, justifica várias injustiças – uma delas, a de sacrificar a rosa –, as quais sequer cogitamos no cotidiano. Por exemplo, para quem é a rosa? Certamente, para quem pode tê-la. Grosseiramente, só quem pode possuí-la sabe apreciá-la. Raramente a rosa é para o jardineiro que a cultivou. Ele não pode tê-la, porque é uma mercadoria cara. Enquanto integrada à natureza, quem pode tê-la (desfrutá-la), com raríssimas exceções, não a aprecia. A rosa tem espinhos, fere mãos inábeis. É preciso, depois de matá-la pelo corte, retirar seus espinhos, para que ela seja admirada pelas mãos finas, por exemplo, da feliz moça que a recebe do namorado, que a compra na floricultura. A rosa, aí, está morta, é uma imagem criada da beleza, e só então é bela.

Quanto vale um girassol?

Quem já viu um campo de girassóis tremulando ao vento, ao pôr do sol? Pouquíssimos. E o girassol vale pouco: é flor barata. No entanto, meia dúzia de girassóis pode valer até 36 milhões de dólares. Esse foi o preço que eles alcançaram em um leilão da casa Christie's, em Londres. Não se trata de um julgamento qualitativo do famoso quadro de Van Gogh, a que me refiro, mas da beleza capturada, possuída, transformada em cifras, para ter valor. O argumento, que os mais apressados podem inadvertidamente julgar uma heresia contra o gênio de Van Gogh, toma força quando se sabe que em vida ele não vendeu um quadro sequer: quando suas telas não tinham valor, os girassóis desse grande amante da natureza não eram belos.

Quanto mais caro o que se tem, mais belo. O que não se possui — desde que não cobiçado — nada vale ou não é entendido como belo. Esse processo explica claramente por que o homem é insensível à destruição da natureza e, mais que isso, à sua degradação programada. Fomos educados para ter; só respeitamos o que temos.

Não estou sendo original. Apenas radical, no sentido de buscar as raízes das coisas, "e, para o homem, a raiz é o próprio homem", dizia Marx. Sobre isso ele escreve nos seus *Manuscritos filosóficos*:

> "A propriedade privada tornou-nos tão néscios e parciais que um objeto só é nosso quando o temos, quando existe para nós como capital ou quando é diretamente comido, bebido, vestido, habitado etc., em síntese, utilizado de alguma forma (...) Assim, *todos* os sentidos físicos e intelectuais foram substituídos pela simples alienação de *todos* eles, pelo sentido de *ter*."

Esse processo sedimentou-se durante milênios. O homem, porém, não é um ser passivo. É ele quem faz a história. É, ao mesmo tempo, vítima e agente. Não cabe aqui nos determos nesse problema. Mas, nesse desenvolvimento histórico, no que diz respeito ao ambiente do homem, chegamos progressivamente a uma situação trágica: pela primeira vez, na vida da Terra, corremos o risco de não sobreviver. Mais: de destruirmos o planeta.

Por que não acreditar na verdade?

Por que o homem não muda essa situação?

Às vezes perguntas óbvias merecem mais do que respostas banais. Nesse caso, porém, não há como fugir à banalidade: o homem não acredita na verdade. É difícil dizê-la e ser levado a sério. Ela vai de encontro a mitos estabelecidos, que são o cimento dos sistemas sociais, que historicamente dominam a massa popular.

A dominação política e social abusa dos conceitos da religião judaico--cristã. Com esse abuso, tenta-se justificar os sistemas sociais em que vivemos. Depois de três mil anos repetindo-se que Deus é justo, bom e verdadeiro, que criou o homem à sua imagem e semelhança, é difícil convencer a maioria das pessoas, mesmo utilizando-se o próprio testemunho de Deus, com os seus profetas, santos etc., de que o homem tem o direito e o dever de mudar o mundo.

Permanece o conceito do "Deus Todo-Poderoso", temido. Aparentemente, os povos continuam a temer o Deus bíblico, que castigava povos com pragas e matanças generalizadas, passando a "fio de espada" nações inteiras. Mas não é Deus ou o cristianismo que estão em julgamento, e sim o uso e abuso que se faz deles.

Essa milenar mitologia, apoiada vagamente em fatos históricos manipulados pelos vários escribas, criou um condicionamento para se crer na "justiça divina", por mais que ela corrompa os conceitos de solidariedade, amor e igualdade entre os homens. Tudo se justifica em nome de Deus; depois em nome da família; depois em nome da religião. Depois em nome do rei; depois em nome do Estado; e depois em nome da pátria.

É difícil romper essa sistemática de dominação. E hoje, quando praticamente Deus já não conta — pois o capitalismo monopolista sequer respeita suas próprias regras divinas, que lhe deram articulação moral e filosófica —, há um outro deus a ser obedecido, que tem suas leis inexoráveis: o mercado.

É comum as pessoas crerem que procedimentos corretos, justos e necessários são inviáveis, porque prejudicam o sistema. Já que tudo está indo tão rápido, sem tempo e espaço para alongar-se muito — afinal, este é um livro de ecologia... —, fiquemos com um exemplo fácil: autoridades, educadores, políticos, "pessoas responsáveis" etc. resistem à forma de dar ensino, leite e pão às crianças pobres porque isso é muito caro. É a crítica que se faz às escolas integrais, consideradas "fora da realidade brasileira" porque são "dispendiosas".

O que "não" está fora da realidade brasileira é manter na fome e ignorância milhões de crianças. E quando se diz a verdade, a de que não se pode permitir que milhares de crianças morram diariamente no Brasil, de doenças decorrentes da subnutrição, os governantes assustam-se — é uma verdade que fere o sistema; não se crê nela, mas em comissões de gente bem-vestida e malfalante, mantidas à custa de impostos, para "resolver o problema", certamente de forma a não incomodar o mercado. A reação dos últimos governos, institucionalizando "bolsas-escola" e "bolsas-família" apenas amenizam o problema, sem eliminá-lo.

Voltando ao nosso tema

O fortalecimento do *ter* como prática social alienante, uma das fontes de dominação de classes, criou uma ideologia que a justifica. Aprendemos então, *racionalmente*, de maneira *lógica*, a desprezar a natureza. Aprendemos, inconscientemente, e quem nos ensina também age sem consciência —, o que é "normal", pois a consciência das coisas muda o *ser*. Exemplificando, observemos esta lição extraída de uma antiga cartilha de alfabetização infantil:

O que é a macaca?
"A macaca é má."

É verdade que nos meios pedagógicos atuais há o cuidado para eliminar essa forma nociva de alfabetizar. Mas as gerações mais velhas e a maioria dos "formadores de opinião" — inclusive este que vos escreve — foram alfabetizadas com esses exemplos. A macaca – nesse antigo esforço antipedagógico para se ensinar a sílaba *ma* – é um bicho preto, mau, quase sempre mostrado com uma coleira na cintura, pois deve ficar preso. Nas antigas cartilhas a onça e o leão não aparecem em seu hábitat natural, mas dentro de jaulas. Moral da história: bicho é ruim, deve ser preso. A natureza – bichos, plantas – não precisa ser respeitada; é o código que se passou às crianças. Esses bichos, livres, nada valem; prisioneiros, têm valor, são nossos. Não é de se admirar que a própria violência da sociedade transforma a relação criança/animal: o cão, mais que companheiro de brincadeiras, é o guarda.

"O que tem a ver tudo isso?", perguntará o leitor, que esperava um livro sobre o ambiente. Tem a ver que este é um livro sobre o ambiente… Tem a ver que precisamos criticar este "prender a beleza", cujo significado já passou do *ter* e adquiriu o *destruir*. Ainda agimos como os faraós, que se enterravam com seus tesouros, soterrados sob pedras preciosas e ouro (e também com o trabalho, ou seja, o suor e a vida dos milhares de operários construtores de pirâmides), no sentido de *ter* e *reter* objetos.

O poder sem *ter* nem *ser*

Não seria demais afirmar que nesse processo algumas sutis consequências vão contribuir para alienar ainda mais as massas. Quando passamos a só admirar o que é belo pelo *ter*, evidentemente os objetos passam a adquirir valor. E quanto mais valiosos, mais belos. A absoluta maioria dos mais pobres não pode ter a beleza, o saber, o conhecimento, que passaram a ser propriedade das classes ricas. Em consequência, a organização cultural da sociedade fica sendo privilégio dos proprietários desses bens – as superestruturas sociais começam então a refletir os interesses das classes dominantes.

Os pobres, desprovidos da capacidade de *ter*, perdem a voz, não têm opinião nem direitos – aceitam, enquanto alienados da sua própria condição de classe, os grilhões ideológicos que os conformam à miséria.

Em nosso caso específico, esses grilhões são também a visão deformada que se tem da natureza e do homem. Acredita-se que a grande maioria dos pobres, por não poder *ter* a beleza, não a entende. Será raro encontrar um boia-fria receptivo a um quarteto para piano de Mozart. Mas isso não quer dizer que o homem das "classes baixas" seja "bruto", como ele é visto pelo preconceito das classes dominantes. Nem que a sua cultura seja "inferior", como muitos pernósticos consideram as modas de viola, por exemplo.

Acontece que, por ser marginalizado socialmente, ele não desenvolveu a sensibilidade inata que o estimulasse a apreciar, além da riqueza da sua cultura, o *Girassóis* de Van Gogh – e menos ainda para calcular o que sejam 36 milhões de dólares. Talvez olhe com raiva os girassóis vivos, esplendorosos ao sol, porque foi ele quem os plantou, com o estômago roncando de fome, e nada lucrará com o comércio das sementes.

E, por que o boia-fria não *tem*, nossa sociedade preconceituosa nega--lhe a sensibilidade humana. E ao oprimir sua natureza humana, retira dele o direito de admirar um campo de girassóis. O boia-fria, reprimido pelo *não ter*, pode, entretanto, desfrutar os simulacros que a superestrutura cultural capitalista lhe concede por meio da indústria cultural, na medida de suas posses: "música sertaneja" ou uma estatueta de porcelana barata – um daqueles pinguins de pôr em cima da geladeira –, por exemplo.

Alienando-se o boia-fria do produto do seu trabalho, nega-se a sua capacidade de realização humana. Despojado do *ter*, não lhe é permitido o *ser*. Passa a ser entendido como um animal que trabalha. Animalizado, ele só se manifesta em casos extremos, quando, por exemplo, já não suporta a miséria. Então protesta e espanta a sociedade burguesa com a sua veemência. Esse é o único ato de razão que lhe sobra. E é julgado "violento" porque, afinal, encontrou o seu *ser* e exige o direito de *ter*. Sofre uma repressão violenta com a qual se pretende convencê-lo que o violento é ele.

Por que essa divagação sobre o boia-fria (e poderia ser sobre qualquer outro trabalhador explorado)? Porque é comum e pacificamente aceito que quase toda a história da humanidade é a história do relacionamento do homem com a natureza. E dos homens entre si. Muitos historiadores costumam dizer que esse íntimo relacionamento do homem com a natureza criou, principalmente no camponês, uma ligação afetiva com a terra, plantas, animais etc. Pois bem, no atual estágio de exploração da terra, especialmente nos grandes latifúndios de cana — lucrativos economicamente, improdutivos socialmente e poluidores por excelência, como veremos —, mesmo essa última possibilidade lhe foi tirada.

O moderno capitalismo, deslocando o homem do campo, tratando a lavoura por processos predatórios, destruiu o *ser* do homem da terra. A terra já não lhe diz nada, é sua inimiga, como a máquina e o automatismo são inimigos do operário industrial.

O capitalismo reprimiu o *ser* nos homens e privilegiou alguns com o *ter*.

A tarefa, ao que me parece, mais que denunciar os estragos ao ambiente, é conscientizar os homens de sua própria alienação por um sistema que já não encontra saída ou viabilidade para si.

Pensar na rosa não é tão alienante quanto parece...

O que é o homem?

E o homem? O que é o homem?

Quase não nos lembramos de que o homem é a máquina mais complexa produzida na Terra, dentro da enorme complexidade do universo. O homem é formado por milhões de "peças" – moléculas. Para que essa tremenda máquina fosse fabricada, foram necessários de dois a três bilhões de anos. Uma das grandes vantagens que o homem teve sobre os outros animais é que ele nunca foi especializado — nem os seus antepassados. Assim, não sendo "programado" como certos animais para tarefas específicas, mas fazendo de tudo um pouco, pôde evoluir, social e anatomicamente, até fabricar suas próprias ferramentas.

Aprendeu a usar as mãos, trabalhar e pensar; começou a descobrir e inventar coisas: fogo, roda etc. A evolução do homem é bem explicada pelo teólogo e filósofo francês Teilhard de Chardin:

> "A especialização paralisa; a ultraespecialização mata. A paleontologia* está cheia destas catástrofes. O fato de que os primatas, até o fim do Período Pliocênico, permaneceram como os mamíferos

---

* Ciência que estuda os seres que viveram em outras épocas, por meio de seus restos ou vestígios encontrados nas rochas.

mais 'primitivos', como seus membros o demonstram, fez com que eles permanecessem também os mais *livres.* E que fizeram com essa liberdade? Usaram-na para se elevarem, por meio de saltos sucessivos, até as próprias fronteiras da inteligência."

Não se especializando, tornou-se mais inteligente e progrediu. Sendo inteligente, isto é, trabalhando, pensando, tomou consciência da sua liberdade.

O homem é um animal livre

Todos os sistemas e fatos históricos que resultaram na castração da liberdade do homem são antinaturais. O resgate da liberdade do homem, isto é, da sua plenitude como ser humano, é o ponto de partida para todas as políticas de justiça social, entre elas, a luta pelo ambiente. Devemos conhecer o homem e a natureza em sua essência, para desenvolvermos uma consciência capaz de modificar a própria tradição de desumanização do homem. Em *A ideologia alemã*, Marx dizia que "o comportamento tacanho dos homens em face da natureza condiciona seu comportamento tacanho entre eles".

Já não se pode encarar a natureza como algo misterioso. O trovão não assusta ninguém. A chuva não é provocada pelos xamãs. O dilúvio é um mito ótimo para estudarmos certos aspectos da religiosidade e apenas isso. O fogo do inferno há muito tempo não queima ninguém.

O que é óbvio hoje, era tabu em outras épocas. Mas a ciência, oferecendo algumas vítimas à Inquisição, explicou muita coisa, e de quebra (imaginem!) que a Terra era redonda. Não foi fácil furar a barreira de mentiras, principalmente porque tais mentiras serviam aos sistemas de dominação ideológica, que, por sua vez, sustentavam privilégios econômicos, políticos, de castas e de classe.

Além das aparências

Certas verdades, porém, continuam esbarrando em vários preconceitos. Por exemplo, muita gente ainda acredita que o homem é um animal antissocial. É bom prestar atenção em quem difunde tais balelas. Spengler, um filósofo alemão muito admirado pelos nazistas, dizia que "o homem é um animal de rapina". Mas, bem antes dele, em 1640, o filósofo inglês Thomas Hobbes, do alto de sua sabedoria, jurava que "o homem é o lobo do homem" – infâmia contra nós, simples mortais, e também contra o pobre lobo.

O pior é que as pessoas que aceitam tais preconceitos enxergam, justamente como seus autores, apenas a aparência das coisas. E quem olhar o mundo arrasado por guerras e saques, fome e miséria, destruição das águas e das terras, matança de gente e animal, e, além disso, for um leitor contumaz do Velho Testamento (a primeira parte da Bíblia), com as sangrias que o Deus de Israel praticou por atacado, pode até acreditar.

Porém, de acordo com o filósofo francês Jean-Jacques Rousseau, o homem nasce "naturalmente bom", mas é corrompido pela sociedade. O homem produziu-se biologicamente como criação da natureza, mas foi produzido também quando o desenvolvimento histórico condicionou normas políticas, morais, religiosas, para justificar o domínio de uns poucos – os mais "sabidos" – sobre a maioria. Ou seja, o domínio das elites sobre as grandes massas.

Anos e anos de opressão social reforçaram (e ainda reforçam) a ideia de que o homem "não deu certo" por causa do pecado original. Seria normal que o antropólogo ou historiador da época, escrevendo o *Gênesis*, sem nenhuma referência além do seu próprio interesse e imaginação, pensasse assim. Acreditava-se que o homem era um ser mesquinho, feito de barro, sem vontade própria. Como Deus é bom, tirou-lhe uma costela e transformou-a em fêmea, da qual o ingrato desfrutou, e a partir daí, com livre-arbítrio, esse tolo que perdeu o Paraíso só poderia mesmo fazer bobagens. Tantas que, vez por outra, seu Criador tinha de intervir pondo ordem na casa etc.

Essa teoria (ou o nome que se queira dar-lhe) evoluiu: a partir do pecado original, pensadores armaram esquemas e sistemas filosóficos para explicar, sempre, a inferioridade do homem perante Deus e a "maldade do mundo". Evidentemente, os filósofos e pensadores que historicamente contestaram tais ideias eram reprimidos, com mais ou menos virulência, na medida em que contrariavam os interesses do poder. Hoje não mais se queima nas fogueiras da Inquisição quem diz que o pecado original é uma lenda ou quem crê que a Terra é redonda. Mas grande parte da "visão de mundo" na filosofia ocidental ainda é explicada a partir do *Gênesis*.

Explicar o homem por meio da luta de classes ou de qualquer outra ideia que confronte a ideologia do poder não é interessante para os sistemas sociais que mantêm o privilégio de mando – governo, economia etc. Por isso, embora sejam inúmeros os trabalhos intelectuais que oferecem um entendimento mais real do homem e da sociedade, eles não são suficientemente divulgados.

O poder é muito cioso de sua autoridade.

Já não basta "interpretar" o mundo

O resultado é que – em termos de popularização desse conhecimento – sabemos muito pouco do homem, enquanto nos impingem demasiadamente os argumentos que justificam a sociedade de classes: "o homem é um animal imperfeito", "o homem é um pecador", "o homem é um animal de rapina", "o homem é o lobo do homem" etc. Essas balelas "explicam" por que o mundo é assim...

A apropriação do saber pelas classes dominantes, por outro lado, permite-lhes deter oficialmente o monopólio de explicar o mundo. A visão que temos do homem e de sua história, nas escolas, na tradição moral e religiosa, é a da ideologia dominante.

Por exemplo, é comum, hoje, dentro do que a vulgarização do conhecimento científico possibilita, apresentarem-se algumas criações do homem como superiores a ele. Estamos analisando o fato vulgarizado, o conhecimento tal como o difundem e não, obviamente, como ele é. Assim, sabemos mais a respeito do computador, seu funcionamento, suas vantagens sobre o homem, sua "superioridade" para "pensar", do que sobre o próprio homem, seu criador. A partir disso, admitimos, por exemplo, que um computador é mais "inteligente" do que o homem, por multiplicar instantaneamente 14,6787 por 3.873.987,23. Acredita-se vulgarmente que essa capacidade mecânica é um ato de pensar.

Na etapa atual do capitalismo, com uma tecnologia desumanizada, isto é, não colocada a serviço do homem em si, vulgarmente acredita-se que o homem é um animal que não precisa pensar: as máquinas pensarão por ele. Evidentemente, qualquer cientista sabe que não é assim. Mas esse é o uso que se faz da vulgarização da tecnologia, mitificando a máquina, entidade superior e mais complexa que o homem. E quem tem — e eis novamente o *ter* — o domínio dessa máquina, quem *entende* o "diabólico" computador, domina a sociedade.

Isso é alienação no mais alto grau.

Na base, está uma prática política, ideológica e socioeconômica, de manutenção das relações de opressão, necessária para não colocar em risco o sistema. O homem perde a sua dignidade. Por trás dessa mitificação da técnica — que não é necessariamente ciência e até conflita com o pensamento científico — está a sobrevivência do capitalismo e dos processos de busca do lucro.

Na raiz desse processo está a divisão do trabalho. "Na divisão do trabalho, o homem também é dividido", já dizia Marx. Todos somos vítimas.

Tratei de colocar alguns conceitos, que podem ser aceitos ou não. Mas creio que devem ser discutidos, para não se debater o problema ecológico desvinculado da realidade social. Dentro dessa realidade em que deve ser analisada a questão ambiental, importante papel desempenham as ideias geradas para explicar, justificar, mitificar ou negar a sociedade tal como a conhecemos.

O ecologista, mesmo não sendo um revolucionário — embora eu creia que um sem o outro não possua força ou sentido —, tem a oportunidade de lutar para mudar o mundo. A eficiência dessa luta será maior à medida que nela se utilizem os instrumentos adequados. Ela pode ter objetivos imediatos, quase sempre paliativos, às vezes, numa cilada, ajudando o próprio poluidor a desfazer-se de seus problemas; ou então, a longo prazo, de maneira a derrubar uma estrutura viciosa, injusta, contribuindo para criar uma nova sociedade, radicalmente livre, nas suas bases, de estruturas que possam oprimir o homem.

Do jeito que as coisas estão, ficou difícil até de se respirar. Estão matando o ar, a terra, os alimentos. Vai mal o planeta. É interessante observar que a degradação ambiental, mais do que as injustiças sociais, está convencendo as pessoas de que "os filósofos têm apenas *interpretado* o mundo de diversas maneiras; o que interessa é *mudar* o mundo."

2. Além do mito industrial

OS PAÍSES RICOS SÃO OS MAIORES POLUIDORES: OS
ESTADOS UNIDOS SÃO RESPONSÁVEIS POR CERCA DE 40%
DAS EMANAÇÕES DE GASES POLUENTES NO MUNDO. O PROGRESSO
INDUSTRIAL DA CHINA AUMENTOU A EMISSÃO DE GASES TÓXICOS
NA ATMOSFERA. O DESEQUILÍBRIO ECOLÓGICO É REFLEXO
DA DESENFREADA BUSCA AO LUCRO.
OS RECURSOS DA NATUREZA NÃO SÃO INFINITOS.

Países ricos são os mais poluídos e poluidores

Um dos mitos sobre a degradação ambiental no Brasil é o de que, por não termos leis rigorosas, aqui ninguém respeita nada e, portanto, as indústrias multinacionais podem poluir impunemente. Diz-se que, proibidas de poluir em seus países de origem, vêm fazê-lo no Brasil.

Ingênuo engano. Primeiro, porque essa ideia omite a gravidade da poluição nas potências industrializadas; segundo, por acreditar que leis protecionistas resolvem. O segundo engano é mais perigoso: entende que o capitalismo industrial agride o ambiente porque alguns transgressores sem escrúpulos desobedecem a lei. Essa é uma verdade parcial: as leis são transgredidas não apenas por falta de escrúpulos, mas por não ser possível conseguir lucros com tamanha avidez sem aniquilar a natureza – acima das leis fica o interesse imediato do capital.

Os grandes países industriais são os mais poluídos do mundo. Em Tóquio vende-se oxigênio nas ruas centrais. É comum os japoneses usarem pequenos tubos de oxigênio para se "limparem" do veneno que são obrigados a respirar. Apesar dos novos filtros para os motores, os veículos a gasolina continuam a emitir altas doses de monóxido de carbono. Não é raro observar cidadãos com máscaras protetoras nas ruas de Tóquio.

Nos filmes, o centro da Europa geralmente aparece como um oásis verde envolvendo as fábricas. Durante anos o Reno foi um rio morto, levando resíduos químicos por milhares de quilômetros, contaminando os depósitos de água potável de vários países. Até 1990, foi o maior esgoto a céu aberto do mundo. Hoje o Reno recebe um processo de recuperação financiado por cinco países: uma prova de que se pode mudar. Metade da população holandesa bebe sua água, que precisa ser tratada a alto custo.

E os Estados Unidos, pátria do capitalismo moderno, louvado pelo rigor de suas leis, são – e isto seus próprios técnicos afirmam – o país mais poluído do planeta. Além disso são os maiores exportadores de poluição: nos últimos quarenta anos cerca de 40% da contaminação da Terra é provocada por suas indústrias, segundo informação de Philip Bart, ecologista e redator da *International Review*.

Os Estados Unidos são o país que mais tem praias vedadas ao público, por oferecerem risco de contaminação. Não porque as leis sejam mais rigorosas lá, mas porque muitas dessas praias matam. A denúncia é do doutor Ernest Elwood Snyder, um conservador que escreveu *Please stop killing me!* (*Por favor, parem de matar-me!*), em defesa do *american way of life*, isto é, o modo de vida americano. Seu livro revela o que poderemos esperar do capitalismo se atingirmos o estágio atual dos norte-americanos.

É tão antigo o folclórico fato de os turistas norte-americanos chegarem aos países latinos – Brasil inclusive – trazendo água na bagagem, que os jornais já nem noticiam. Esses turistas não sabem, mas bebem em seu país água de pior qualidade que a nossa. Raciocinam que no Brasil, terra de índios, deve ser pior. Há mais de trinta anos o doutor Snyder denunciou que 60% das fontes de abastecimento nos Estados Unidos estavam contaminadas por dejetos industriais e fezes. Em 79 amostras coletadas pelo Departamento de Saúde, Educação e Bem-Estar, 76 estavam contaminadas por pesticidas. Hoje, a situação piorou na periferia das grandes metrópoles, com o corte dos programas sociais e a terceirização dos serviços públicos.

Nas imediações de Nova York, crianças só podem entrar na praia após vacinarem-se contra a febre tifoide. Os Estados Unidos têm os rios mais poluídos do planeta, pelas indústrias. O Cuyahoga, em Ohio, que desemboca no tristemente famoso lago Eire, é, assim como o lago, o rio mais poluído do mundo. Esse rio estava tão poluído por dejetos industriais que, um dia, simplesmente pegou fogo, queimando duas pontes...

Os norte-americanos estão entre os que mais sofrem com a degradação ambiental. Com toda a tecnologia, os cidadãos norte-americanos não conseguiram livrar-se da poluição, nem mesmo quando tiveram leis mais rigorosas. Depois da eleição do presidente George W. Bush e o declínio das políticas sociais, com o enfraquecimento da crítica ecológica, privilegiando-se o "mercado", a indústria norte-americana sentiu-se liberada – o grande final foi a negativa dos Estados Unidos em assinarem o Protocolo de Kyoto. Até 2005, o governo norte-americano agia como se o respeito à natureza e a aplicação de técnicas que controlam a poluição fossem incompatíveis com o capitalismo moderno. Com a eleição de Barack Obama, a política governamental não mudou.

O capitalismo antiecológico

Nas sociedades industriais a poluição aumenta à medida que cresce a produção. Na miopia analítica do capitalismo atual, para poluir menos é preciso diminuir a produção. Isso significaria menor produtividade, o que implica rebaixamento de salários – desejável pelos empresários, mas perigoso num sistema que vive do consumo, que, por sua vez, precisa dos assalariados para aumentar e gerar mais lucros. Ou seja, nessa visão equivocada, despoluir representa um custo inadmissível para uma economia que não leva em conta os problemas da humanidade e a agressão ao ambiente. É um beco sem saída.

Pela primeira vez na história, a ecologia passa a ser um dado importantíssimo para a própria sobrevivência do capitalismo. Da mesma forma que a poluição contribui para rebaixar a qualidade de vida no planeta, pode também quebrar as regras que possibilitam a acumulação de capital. Não seria nada fantástico que, num limite extremo, o capitalismo preferisse sobreviver deixando o mundo acabar...

Os teóricos do capitalismo norte-americano não têm explicações razoáveis para o problema. Na paranoia em que vivem julgam-se "perseguidos". Perseguidos inclusive pela contradição dos norte-americanos que não querem morrer envenenados, enquanto vivem numa sociedade rica, e também sentem-se ameaçados pelos povos pobres e as economias concorrentes, que poderiam aproveitar-se dos prejuízos causados por uma correção no capitalismo para suplantarem a economia dos Estados Unidos.

Por isso, já que não podem diminuir sua produção nem aumentá-la infinitamente sem pôr em risco o ambiente ou encarecer os produtos, os Estados Unidos tentaram impor uma política demográfica ao mundo. Não deixa de ser irônico: depois de quase matar a qualidade de vida, pretendem salvá-la proibindo novas vidas. A fobia persecutória fica evidente na afirmação de G. Hardin, escritor e sociólogo norte-americano, citado pela médica italiana Laura Conti, em *Ecologia*:

> "Nós crescemos 1% ao ano e o resto do mundo cresce duas vezes mais... Se o mundo se tornar uma grande comunidade em que os bens são repartidos igualitariamente, então nós estaremos perdidos. Os que se multiplicam mais rapidamente nos substituirão."

Embora o argumento de Hardin seja grosseiro, é bem elucidativo da política demográfica norte-americana: a finalidade é "conter" os subdesenvolvidos, na impossibilidade de superar as contradições internas do capitalismo *made in USA*. Nem vale a pena deter-se nas teses neomalthusianas,* que vez por outra voltam à moda. Embora os países industrializados devam

---

* Baseados na teoria de Thomas Robert Malthus, pastor da Igreja Anglicana, publicada em 1798, os neomalthusianos insistem em que o aumento incontrolado da população mundial esgotará a capacidade da Terra de produzir alimentos para todos. Pregam o controle da natalidade como fator primordial para haver melhor distribuição de alimentos. Os contrários a essa teoria afirmam que Malthus não levou em conta o progresso científico, prevendo só o aumento de consumo por uma população cada vez maior. De fato, as novas técnicas permitem um aumento de produção nunca sonhado nos tempos de Malthus. Por sua vez, a questão não é tão simples como parece. O controle da natalidade tem sido uma política adotada por alguns países, mas isso não significa que eles concordem com as teorias malthusianas, visando, isto sim, a questões de organização social, como na Inglaterra e na França: esta última, aliás, preocupa-se em aumentar sua população.

duplicar sua população nos próximos 100 anos, enquanto os povos pobres — que são mais de 3/4 dos habitantes do planeta — farão o mesmo em apenas 25 anos, não é o excesso de gente que causa o atraso e a desigualdade social, mas sim a injusta distribuição de renda e a herança das dívidas externas e das estruturas internas, fruto de um passado colonial e um presente imperialista. Embora o planejamento demográfico seja saudável e necessário em algumas sociedades, ainda cabe muita gente no mundo: fome e miséria (de todos os tipos) não são consequência do excesso de seres humanos, mas da injusta distribuição de renda e da má gerência do planeta.

A poluição norte-americana atingiu tal gravidade que, segundo Snyder, "não há a menor dúvida de que hoje em dia o lar do americano médio é um local mais poluente do que a maior parte do ambiente externo".

O "americano médio" está cercado pela poluição que lhe é vendida para aumentar o conforto. Ao contrário do que pensam alguns, é a riqueza que polui mais. Snyder chega a dizer que alguns cidadãos mais bem informados sentem-se mais seguros na rua do que em casa.

Exagero? Quem conhece os Estados Unidos sabe que não. As casas da classe média norte-americana são abarrotadas por uma parafernália para aquecimento, incluindo caldeiras, estufas, aquecedores de água etc., quase sempre a gás. Tudo funciona muito e sem chaminé. As pessoas respiram monóxido de carbono o tempo todo.

Assaltados por uma propaganda intensa, os norte-americanos usam *sprays* de todo tipo e, obviamente, respiram freon e outros gases. Fanáticos por limpeza, intoxicam-se com as drogas que a indústria produz, em um nível que para a nossa classe média é impensável... ainda.

Será que o homem é "burro"?

O capitalismo não só é antiecológico, como está condicionado a poluir. É o próprio processo que impulsiona o sistema a agir assim, na ânsia de sua expansão, que se baseia na busca ao lucro. Como o processo é dinâmico, transforma-se, adapta-se e, mesmo não mudando seu conteúdo, planeja a longo prazo. Às vezes destrói de imediato para lucrar no futuro.

Vejamos um exemplo, citado por Laura Conti, em *Ecologia*:

"A dominação do Terceiro Mundo já não se faz como antes – exportação de manufaturas e importação de matérias-primas e alimentos. As relações de exploração são bem mais complexas, porém – vejam o Brasil – alguns produtos da terra, como a soja, são exportados pelos subdesenvolvidos. E é um bom negócio."

Por que as multinacionais não plantam nas terras que compram nos países subdesenvolvidos? Laura Conti, numa análise audaz, mas não destituída de lógica, diz que as terras nos Estados Unidos, por exemplo, poderão um dia se tornar improdutivas ou de produção mais cara (o que já ocorre). Não será por isso, pergunta ela, que as multinacionais "estocam" terras no Brasil? E acrescenta:

"Provavelmente as multinacionais já tenham detectado o perigo e assaltam as florestas amazônicas para ter assim mais terras para cultivar e continuar oprimindo os povos aos quais fornecem grãos. E a floresta amazônica será destruída sem benefício algum. A destruição da floresta tropical sul-americana talvez seja o último delito ecológico do capitalismo."

Impossível deixar de perguntar: será que o homem é burro?

Não se trata de um exercício de "palpitologia". A degradação do ambiente, o perigo que a Terra corre e o risco da sobrevivência humana tornar-se problemática são fatos afirmados por ecólogos de todas as correntes científicas e políticas. Se é assim, por que o homem não reage?

Sem pretender afirmar certezas, parece-me que uma das razões é a que está exposta no capítulo 1: os condicionamentos culturais, que inibem a crítica; ou a obediência cega ao sistema. Mas, evidentemente, há outras, como a inexorável busca do lucro.

Talvez alguns se surpreendam ao saber que o risco da poluição já era denunciado com rigor científico em 1546, por Giorgio Agricola, escritor da

Renascença, preocupado com a natureza, ao protestar contra a exploração do carvão fóssil na Itália:

> "Um dos argumentos mais fortes dos detratores dessa atividade é a devastação do campo; por isso a lei proíbe aos italianos escavar a terra para extrair minério, danificando o campo fértil, os vinhedos e os olivais. Eles deploram que as árvores sejam derrubadas para a fundição de máquinas ou fundição de metais. O corte das matas leva ao extermínio das aves e outros animais que fornecem alimentos. A água utilizada na lavagem do minério, devolvida aos rios ou aos riachos, envenena os peixes e a caça. Consequentemente, os habitantes das regiões mineiras, devido aos estragos feitos no campo, nos bosques e nos rios, têm dificuldades para obter o necessário para viver."

Naquela época era fácil proibir uma atividade que danificasse o ambiente. Não porque o homem fosse mais consciente, mas porque a economia não necessitava da matéria-prima industrial de forma tão drástica. Hoje, sabe-se muito mais sobre a poluição; os danos são mais graves, mas nada detém a ganância do sistema.

Acontece algo mais perigoso, quase nunca discutido. Atualmente, as técnicas de destruição são muito mais avançadas do que as colocadas a serviço do homem. O que é normal, dentro do processo em curso: o arsenal tecnicista para aumentar ou melhorar a produção é amparado e impulsionado pelo capital, que, com isso, consegue maiores lucros. É mais lucrativo aumentar a produção envenenando a terra com agrotóxicos e criando os transgênicos (cujos benefícios e males ainda não estão cientificamente comprovados), obtendo assim ilusoriamente (veremos adiante por quê) mais grãos, do que expandindo os campos e praticando uma agricultura natural, a qual, por suas características, emprega maior número de trabalhadores. Importa o lucro, não o deslocamento do homem do campo para a cidade; e menos ainda a qualidade do alimento.

Por sua vez, existe a propaganda em torno dos métodos e processos artificiais e agressivos de produção. A sociedade é bombardeada com informações sobre as benesses da técnica, a qual se apresenta como aliada contra a fome, entre outras coisas. O condicionamento cultural é uma barreira quase intransponível para se adquirir consciência da realidade. Se isso é assim no Brasil, nos Estados Unidos chega a ter aspectos demonológicos: o capital e a propriedade privada foram intocáveis enquanto fontes de defesa contra o bárbaro comunismo ateu e liberticida e, hoje, são o baluarte na luta contra os satânicos terroristas muçulmanos...

A série de falácias se harmoniza para transformar o que poderia ser uma sociedade feliz e abundante em infeliz abundância – e para aumentar o antiamericanismo no mundo, hoje tão irracional quanto o "americanismo" dentro dos Estados Unidos. Esse processo não é novo: vivemos a culminância de uma política desumana que, mais cedo do que se esperava – talvez nunca se tenha esperado ou se pensado no caso –, vê-se às portas da tragédia ecológica.

Ideologia à parte, estamos morrendo

Ecologia é simplesmente vida.

Isso está além de qualquer interesse ideológico ou político. O homem transforma rapidamente o planeta em um ambiente hostil e, a longo prazo, contribui para o seu próprio extermínio. Classicamente, os cientistas acreditavam que a vida na Terra – e o próprio planeta – poderia durar mais oito bilhões de anos, quando a fusão do gás hélio, no Sol, a faria "esquentar" e "ferver", matando-nos. Hoje, apesar de a natureza nos ter programado para viver mais esses oito bilhões de anos, o próprio homem pode acabar com tudo a qualquer momento, em poucos minutos. Ou gradualmente, continuando a agressão ao ambiente, em cinquenta, cem, duzentos anos...

É preciso lutar contra isso, sem acomodar essa luta a receitas ideológicas. O que não elimina a necessidade de uma transformação radical das estruturas socioeconômicas para assegurar a sobrevivência digna da humanidade. É um caminho sem volta. Ninguém duvida de que estamos destruindo as florestas do mundo; restam pouquíssimas e *todas* estão bastante feridas. É preciso pensar mais seriamente no que diz o escritor norte-americano Robert Chambers:

> "Quando acabam as florestas, as águas se vão, os peixes e a caça se vão, as colheitas se vão, os rebanhos e as manadas se vão (…) Depois disso aparecem os fantasmas milenares: as inundações e as secas, o fogo, a fome e as doenças."

Mas o processo espoliador não se contenta apenas em ameaçar a vida com a destruição das florestas. Vai além, matando a própria fonte de vida. Voltemos ao doutor Snyder:

> "Além de destruirmos as florestas, também estamos desativando o maior produtor de oxigênio da Terra: o fitoplâncton dos oceanos. Calcula-se que essas algas monocelulares fornecem cerca de 70% do oxigênio necessário para que a atual concentração desse elemento na atmosfera seja mantida. Os fitoplânctons, que são os principais *produtores* de oxigênio do mar, constituem o equivalente das plantas terrestres na pirâmide ecológica da vida."

Se essa potencialidade de vida está sendo destruída, será racional, antes de atacarmos radicalmente o problema, tentarmos condicionar sua interpretação e conceitos a um posicionamento ideológico ou político que não seja a urgente tomada de posição contra a morte anunciada do homem na Terra?

Tendo em vista a gravidade do problema, é preciso agir rápido. Por exemplo, se vemos um homem forte espancando um fraco, o que fazemos? Vamos, primeiro, saber do que se trata e quais são as razões da agressão? Ou impedir o massacre? Certamente impedir o massacre e perguntar depois. Não importa o que o fraco fez ou não, o importante é salvá-lo. A vida é sempre mais importante. O mesmo acontece com a agressão que sofre a Terra: é preciso primeiro impedi-la, para que a humanidade não morra;

e depois lutar, para criar novas condições em que a agressão não ocorra novamente.

É preciso saber do que se trata

Antigamente o homem tinha a impressão de que os recursos da natureza eram infinitos. O caçador de mamutes via muitos deles e só conseguia capturar um ou outro, entendendo assim que seu número era infindável. A noção de que a natureza é infinita mudou a partir do momento em que o homem, dominando a técnica, fabricou máquinas capazes de, em poucos dias, destruir uma floresta; ou, indo a extremos, acabar com o mundo em minutos caso resolva experimentar algumas bombas atômicas.

Sabemos agora que os recursos da Terra têm fim e se a agressão ao ambiente continuar, em poucos anos o planeta não será capaz de assimilar tanta "pancada". Tudo indica que, para resolver o problema da sobrevivência da humanidade, é preciso mudar as formas de exploração da natureza que a alimenta – de tudo: ar, água, matéria-prima, tudo.

A Terra é frágil. Ou melhor, ficou frágil. Antigamente o homem não conhecia a natureza e dela tinha medo: raios e trovões, inundações, rios e mares enormes, frio e calor. À medida que a foi conhecendo, também a foi aniquilando, a tal ponto que a situação se inverteu: hoje, ele tem medo da delicadeza da Terra, enfraquecida diante de sua hostilidade, com seus mecanismos naturais de autorregeneração abalados pela rapinagem desmedida.

Declaramos guerra à natureza e somos os perdedores ao vencê-la. Se a tratássemos com amor, ela poderia ser infinita, desde que não fosse saqueada ao extremo de sua resistência e capacidade regenerativa.

Para reverter o quadro é preciso uma luta que ainda carece de estratégia global. Porque os que pensam a *favor* da Terra não têm poder além da palavra. Seus assassinos continuam matando-a impunemente e, ainda, controlam os meios de comunicação. Hoje "direita" e "esquerda" não teriam dificuldade em concordar que "os projetos humanos que não levam em conta as leis essenciais da natureza só podem ocasionar calamidades".

Já vimos que o capitalismo é insensível. Que os países industrializados – Estados Unidos, Japão e agora a China – são os que mais oferecem sofrimento a seus povos com a poluição.

Até hoje a história dos homens foi contada em separado da história da natureza. Fruto, naturalmente, do desprezo ocidental pelos valores ecológicos, o *ter* suplantou *o ser*, ajudando o processo de embrutecimento da humanidade. Mas a história do homem não se separa da história da natureza. Muita gente pecou por não entender ou por desprezar acintosamente esse fato. Mesmo os marxistas, que não aprenderam com Engels e Marx:

> "Conhecemos apenas uma ciência, a ciência da história. Pode-se enfocar a história de dois ângulos; pode-se dividi-la em história da natureza e história dos homens. Porém, as duas são inseparáveis; enquanto existirem homens, a história da natureza e a história dos homens se condicionarão mutuamente."

Vale observar, nesse aspecto, que o desequilíbrio ecológico é o reflexo do atual estado social do mundo. Um mundo harmônico refletiria um equilíbrio entre a justiça e a igualdade. A desarmonia vive do desequilíbrio, da injustiça, da competição, que geram o desajuste na corrida ao lucro. Não é por acaso que o homem, ao desarmonizar a natureza, reproduz com esse crime a própria injustiça a que submete milhões de semelhantes.

Reverter o quadro, aproveitar a terra, sem maculá-la. Como?, eis a pergunta. Não é uma resposta, mas Marx já disse: "O trabalho é o pai da riqueza, a terra, a mãe".

3. A alimentação capitalista

A QUALIDADE DA ALIMENTAÇÃO MUDA O "CHEIRO DO AMOR".

AS SUPERSAFRAS SÃO UM PARADOXO: MAIS GRÃOS, MAIS ESCASSEZ.

NO PROCESSO DE GLOBALIZAÇÃO, O CORTE DAS VERBAS DOS PROGRAMAS

SOCIAIS, A PRIMAZIA DO MERCADO E A COOPTAÇÃO DE CIENTISTAS

AUMENTAM A POLUIÇÃO E OS RISCOS À SAÚDE HUMANA.

Um beco sem saída

Vamos chamá-la de Pessoa Esclarecida.

Assustada com o que lê nos jornais, a Pessoa Esclarecida resolve tornar-se vegetariana e só comer produtos naturais. Nem carne, nem açúcar, nada de álcool ou cigarro. Feliz por tomar uma atitude coerente, ela vai almoçar: salada, mamão papaia, suco de laranja, gelatina.

Vamos ver o que tem na salada. A Pessoa Esclarecida, depois que aprendeu que os óleos, mesmo os vegetais, são "temperados" com aditivos obtidos do petróleo, para encorpá-los e estabilizá-los, decidiu não usá-los mais. Em seu lugar, coloca um ou meio copo de coalhada, que ela mesma faz, para fugir dos iogurtes industriais, que contêm várias "químicas", como espessantes, conservantes etc. Também não usa sal.

Na salada da Pessoa Esclarecida tem: cenoura ralada crua; beterraba, idem; nabo, idem; couve picada crua; salsa; trigo partido grosso, cru e amolecido em água; coalhada, e meio limão espremido.

Quem pode ver defeito em comida tão saudável? No entanto, a Pessoa Esclarecida está comendo também: resíduos de pesticidas que impregnam a cenoura, o nabo e a beterraba. Um pouco de enxofre ou diazinon ou malation, que foram usados para matar os pulgões da couve e deixá-la "bem bonita"; um pouco de DDT*, que se misturou ao trigo partido para ele não "carunchar" nos depósitos e nos navios graneleiros que o transportam. E a coalhada provavelmente estará com resíduos da penicilina com que se pincelam as tetas das vacas, para curá-las dos ferimentos provocados pelas "chupetas mecânicas". Não exageremos e concedamos que o limão foi comprado daqueles garotinhos que o vendem na rua e, por sorte, vem de uma chácara de um pobre caipira.

A Pessoa Esclarecida almoçou feliz e agora vai comer uma beleza de mamão, o papaia, tão bonito que parece fruta de filme americano. Só que ele foi colhido antes do tempo (vamos esquecer como foi cultivado), para não amadurecer no transporte.

Os papaias verdes chegam ao atacadista aos milhões e são conservados em câmaras frigoríficas até serem distribuídos para o consumo. Então, são retirados do frigorífico e colocados em estufa, para que, aquecidos, amadureçam depressa. Porém, antes de tudo – não seria melhor a Pessoa Esclarecida não saber dessas coisas desagradáveis? –, lá na sua origem, o papaia foi submetido aos raios X. Isso mesmo, raios X, para que suas poucas sementes "morram" e a concorrência não possa semeá-las.

Se a laranja vem daquelas magníficas plantações de Bebedouro, no estado de São Paulo, cujos donos se rejubilam quando a geada mata os laranjais norte-americanos da Califórnia, pois assim eles exportam mais, seu suco, embora saboroso, contém os resíduos dos venenos contra moscas, que provocam aqueles pontinhos pretos na casca, desvalorizando a fruta.

Finalmente, a Pessoa Esclarecida, que é vegetariana, come a gelatina, que como todos sabem, deveria ser feita de algas marinhas. Mas ela é produzida com "suco" de couro de boi, aquela mesma gosma que acrescida de outras drogas é usada para fazer cola.

---

* DDT é abreviação de dicloro-difenil-tricloroetano, um poderoso inseticida insolúvel em água, incolor e inodoro, que atua por contato, paralisando o sistema nervoso dos insetos. Usado na Segunda Guerra Mundial para controlar epidemias de tifo, logo foi comercializado e seu uso tem provocado sérios danos à saúde pública, embora seja proibido por lei.

Como 90% das pessoas que escolheram uma alimentação "natural" não têm meios de sair desse beco sem saída, a história é deprimente. É provável que dê mais vontade de censurar quem conta o drama do que lhe agradecer. Vamos, então, pôr um pouco de humor na coisa e contar outra história.

O cheiro do amor

Um cara feliz – ele é feliz... – tem uma bela horta, um pomar e uma cabra. Cultiva suas frutas e verduras e vê, emocionado, crescerem os legumes que vai comer. Sua cabra dá leite maravilhoso, com o qual ele faz queijo e, após desnatá-lo naturalmente, faz a coalhada. Seis meses ou um ano depois de comer tudo puro, o Cara Feliz apura seu paladar e, principalmente, o olfato. Volta a ser o que todos deveriam ser sempre – um animal humano.

O Cara Feliz trabalha, lê, estuda... e arranja uma namorada. Ela é sua musa: inteligente, esbelta, falsa magra, uma garota adorável. Tudo parece que vai dar certo. Os dois gostam de livros, música, cinema. Então, começa o drama. Os dois "combinam" em tudo. Menos no cheiro. Todas as pessoas têm um cheiro próprio. Aliás, o olfato é um dos primeiros sentidos que se desenvolvem no homem. Cientistas que observaram bebês descobriram que aos sete dias eles já reconhecem o cheiro da mãe.

E foi por causa desse agudo sentido do olfato que o Cara Feliz e a Musa não tiveram um final feliz. Incompatibilidade de cheiros: o Cara Feliz, vegetariano, sentia repulsa pelos odores de "carnívora" de sua Musa.

É um fato cientificamente comprovado que o nariz tem uma função importante na atração sexual. Freud, em uma carta brincalhona, mencionou-o entre os órgãos sexuais. Cientistas italianos descobriram que um dos primeiros e mais fortes sintomas do fim de um romance é a intolerância de um dos amantes para com o cheiro do outro.

Sabe-se que, quando as pessoas estão sexualmente excitadas, seus corpos emitem certas secreções características. O odor dessa "química amorosa" pode estimular ou inibir o desejo. O tipo de alimentação influi nos cheiros humanos. O Cara Feliz e a Musa foram vítimas dessa incompatibilidade.

Por sua vez, 99% das pessoas são carnívoras. O cheiro de quem come carne, portanto, é o considerado "normal". Azar dos vegetarianos... "Melhor não cheirar", poderia sugerir alguém. Ledo engano.

Não é preciso sentir bem os cheiros para uma relação sexual satisfatória. Mas com cheiro é muito melhor. Foi o que descobriram cientistas norte-americanos, ao comprovarem que 25% das pessoas que perderam o olfato têm problemas de desempenho sexual. A anosmia – perda de olfato – compromete as funções sexuais e o apetite, entre outros males.

Aí está a ironia da nossa história: o Cara Feliz apurou com alimentação natural o "poder" de seu olfato e não pôde suportar sua Musa...

Supersafra, mais fome

As histórias da Pessoa Esclarecida, do Cara Feliz e da Musa revelam como é problemático alimentar-se na nossa sociedade. E não estamos tratando, ainda, da maioria absoluta da população, que se envenena com o que a indústria alimentar produz – impondo hábitos de consumo por meio da propaganda. Daí o grande número de obesos atualmente, tanto nos países ricos como nos pobres. Nos Estados Unidos, o estímulo para o consumo de alimentos engordativos é tão abusivo que o governo procura revisar as normas de propaganda desses produtos, especialmente os destinados a crianças e adolescentes.

No entanto, é bom não nos esquecermos de que a gravidade do problema da alimentação não está só nisso: está principalmente nos que sequer comem o mínimo para a sobrevivência. No Brasil, 18,6 milhões de pessoas passavam fome no início da década de 1990: no final do governo de Fernando Henrique Cardoso, em 2002, esse número caiu para 15,6 milhões, o que ainda é muito grave e está entre os maiores índices do mundo. Relatórios da ONU (Organização das Nações Unidas), baseados em pesquisas da OMS (Organização Mundial de Saúde), revelaram que a maior parte dos óbitos das crianças brasileiras deve-se a doenças causadas pela subnutrição.

No Brasil, 25 milhões de pessoas estão abaixo da linha de pobreza, segundo um estudo do PNUD (Programa das Nações Unidas para o Desenvolvimento), divulgado em 2005. Pertencem a famílias que sobrevivem com menos de 1 dólar por dia. E dois terços da população ativa brasileira está fora do mercado de trabalho. Isto é: entre os 25 milhões de subnutridros crônicos, 15,6 milhões literalmente passam fome; 60 milhões se alimentam mal por falta de dinheiro – assim, há 85 milhões de brasileiros com deficiência alimentar. Porém, o Estado manipula estatísticas e os governantes de turno usam programas assistencialistas para mascarar a realidade.

Um estudo da OIT (Organização Internacional do Trabalho) – atualizado a cada ano desde 1990 – mostra que a partir do processo de globalização os pobres aumentaram no mundo. Hoje, um terço da população mundial consome 65% dos alimentos produzidos: essa proporção tem variações mínimas, para mais ou para menos, desde o fim do século passado. Ou seja, depois de mandar o homem à Lua, pousar a nave espacial Huygens em uma lua de Saturno e produzir a parafernália tecnológica que conhecemos, o capitalismo não consegue alimentar de forma adequada mais de dois terços da população do planeta.

Voltando ao Brasil, o pediatra Yvon Rodrigues, da Academia Nacional de Medicina, disse a *O Globo*, em 28 de junho de 1987:

> "No Brasil havia 4 milhões e 400 mil famílias na pobreza absoluta em 1980 e, em 1985, mais de 60 milhões de jovens eram carentes, ou seja, suas famílias não tinham meios para garantir seu bom desenvolvimento físico e mental. Para se ter uma ideia, em 1974 um órgão do governo gastou 20 milhões de dólares para investigar o que comiam os brasileiros. Foram entrevistadas 55 mil famílias, e o resultado foi tão aterrador que se proibiu a divulgação dos resultados. Havia famílias que comiam ratos, crianças que disputavam fezes…"

Essa é a realidade de 1974, 1980 e 1985, denunciada em 1987. A situação pouco melhorou. Em alguns aspectos tornou-se mais problemática, como o aumento de obesos, constatada em 2005. Eles não "engordaram" porque comem muito, mas porque comem muito errado: lanches "tipo xis", embutidos, bolachas, refrigerantes açucarados etc. A maioria dos trabalhadores, especialmente nas grandes cidades, come para "matar a fome" e não para se alimentar. Além disso, ainda não existem dados confiáveis e o governo "aprendeu" a suspender ou maquiar as pesquisas. O programa Fome Zero, mais do que erradicar a subnutrição, mostra a ineficácia de medidas assistencialistas, e não eliminou, nas áreas críticas, as "refeições" com lagartos, ratos e outros bichos. É interessante observar que embora tenha havido aumento do poder aquisitivo do trabalhador, esse ganho não se aplica em alimentação e saúde. Nem mesmo o sucesso do agronegócio e o crescimento das safras resultam em alimentação melhor ou mais acessível.

A safra de grãos de 2003-2004 foi 5,5% maior do que a anterior – nem as pequenas quebras, como na safra 2004-2005, devido à estiagem no Sul, reduzem essa progressão (na verdade houve quebra da expectativa, que era colher 131 milhões de toneladas, mas se chegou aos 120 milhões de toneladas da safra anterior). De 1990 a 2005, a produção de grãos aumentou 124,4% no Brasil e houve uma expansão de 23,3% na área cultivada, segundo a Companhia Nacional de Abastecimento. Mas esse recorde deve-se às lavouras de soja, algodão e cana. O aumento de 6,6% da área plantada de arroz em 2004 anula-se, porque não consegue atender ao consumo interno, e foi necessário importar um milhão de toneladas, principalmente do Mercosul. A área cultivada de milho diminuiu em 2% e o feijão também perdeu 0,7%. Enquanto isso, os usineiros aumentaram a área cultivada de cana-de-açúcar para elevar a produção e exportação de álcool. Até 2010, com pequenas oscilações, as safras de soja e cana sempre cresceram, enquanto a de outros grãos se estabilizaram ou diminuíram.

Na verdade, as grandes safras brasileiras são compostas majoritariamente de soja. Essa soja não alimenta o povo, é quase toda exportada (e no exterior, transformada em ração para animais). E, ainda: grande parte dela já fora vendida antecipadamente no mercado futuro da Bolsa de Chicago, que monopoliza as exportações de grãos no mundo ocidental – isto quer dizer, o Brasil entrega boa parte de uma mercadoria pela qual já recebeu o pagamento bem antes. A entrada da China como compradora da soja brasileira e a liberação dos grãos transgênicos agravam o problema: são fatores de reforço do latifúndio e da monocultura, em detrimento do plantio de cereais para o consumo alimentar do povo brasileiro.

Pouco se comenta que essas grandes safras comprovam a incapacidade de alimentar a população. A cada vez que os recordes são anunciados sobem os preços dos alimentos no país. A quantidade da comida aumentou, mas a qualidade piorou e não vence a subnutrição: nas favelas do Rio de Janeiro, por exemplo, 22% das crianças menores de 5 anos estão subnutridas. No Nordeste, 9,5% das crianças até 10 anos apresentam subnutrição crônica, segundo dados da UNICEF, de 2010.

Os números da ONU e da OMS demonstram o reflexo disso, nos altos índices de mortalidade infantil, que se elevaram no país a partir de 1970, quando começamos a sentir os efeitos da política socioeconômica dos governos militares. A partir da década de 1990 a mortalidade infantil diminuiu, mas ainda é uma das maiores do mundo. Em 1997 a taxa de mortalidade infantil era de 37,4 por mil e em 1998 baixou para 33,1 por mil, segundo dados do IBGE (Instituto Brasileiro de Geografia e Estatística) e do SINASC (Sistema de Informações sobre Nascidos Vivos). O IBGE constatou um evidente progresso: de 1980 a 2009, a mortalidade infantil caiu de 69,12 para 22,47 óbitos em mil nascidos vivos. Mas apenas em 2015 se prevê que o Brasil alcançará a meta da ONU, de 15 óbitos para cada mil nascidos vivos.

Falta comentar que a cultura da soja, assim como a da cana – outro "sucesso" brasileiro –, da forma como é feita, causa a exaustão do solo, como se vê em grandes áreas do Paraná e já se sente no Mato Grosso do Sul. Sobre o envenenamento dos rios por agrotóxicos, usados às toneladas nessas culturas extensivas, falaremos adiante.

Assim, países tradicionalmente exportadores de alimentos, como o Brasil, passam a ser importadores. A cana e a soja constituem apenas dois exemplos, pois são várias as políticas agrícolas que concedem subsídios e financiamentos generosos, os quais acabam aplicados na especulação financeira e não na produtividade. Dessa forma, enquanto o agronegócio é um sucesso de exportação, vez por outra importamos alimentos.

É provável que alguns leitores perguntem o que têm a ver com ecologia as supersafras brasileiras e a política agrícola do país.

Tudo. A ecologia não é apenas útil para demonstrar que o mercúrio nas águas dos rios ou do mar provoca câncer e degeneração genética. É algo mais amplo, especialmente num país subdesenvolvido marcado pela subnutrição.

Uma das maiores agressões ao ambiente é plantar soja e cana em lugar de alimentos para os famintos. Os resultados ecológicos e sociais são óbvios.

Como o sistema trai os cientistas

No capitalismo é comum a aplicação dos conhecimentos escapar aos cientistas. Também é comum a técnica tomar o lugar da ciência: sociedades tecnologicamente sofisticadas usam a técnica e dizem que fazem ciência. Com isso pretendem se absolver do mau emprego da tecnologia com um aval científico — falso como se vê, mas eficaz nos seus propósitos de mitificação.

O desenvolvimento econômico e industrial impõe necessidades comerciais nem sempre compatíveis com a ética. Esse conflito agrava-se quando o capitalismo precisa acelerar a multiplicação dos lucros para gerar mais investimentos — caso dos Estados Unidos e, setorialmente, até do Brasil. É comum então que os cientistas protestem e denunciem o desvirtuamento do uso da ciência. Mas os cientistas, como os escritores, artistas etc., estão isolados nas faculdades ou cerceados pela indiferença dos meios de comunicação. Alguns são cooptados e servem descaradamente ao sistema. Ganham má fama em sua comunidade, mas muito dinheiro.

Frequentemente os cientistas desenvolvem um alto conhecimento específico. Não raro esse conhecimento é "roubado" e manipulado por técnicos especializados pelas indústrias. Esse desrespeito à ciência explica uma parte da impotência dos cientistas diante do abuso do poder econômico. O uso subliminar da propaganda — aliás, "roubado" dos psicólogos — cria uma barreira feita de promessas ao paladar, aos sentidos em geral e, principalmente, à cobiça de *ter*, que é essencial à mecânica comercial do capitalismo.

Por exemplo, não se presta atenção quando os biólogos dizem que o homem, tratando-se melhor em um ambiente saudável, poderia viver 115 anos. Também é comum ignorar a informação científica de que certa salsicha não deve ser consumida porque recebeu algum produto cancerígeno.

Quando se diz que uma fábrica deve ser fechada porque está jogando agentes teratogênicos no ar ou na água, é possível que digam: "Sujeito irresponsável, quer causar milhares de desempregos". O avanço da consciência popular ainda é muito lento e obstaculizado pela propaganda desvairada na televisão – esta sim aceita, porque promete a ilusão de prazeres imediatos que se pode *ter*.

A visão simplista e maldosa de que as "invenções dos cientistas" contribuem para envenenar o homem e o planeta não é, portanto, correta. Não faltam avisos do que está acontecendo. E, se não fossem os cientistas, este livro sequer seria esboçado. Talvez, se escrito por um deles, fosse até mais dramático.

Nasce a "cozinha química"

Para se ter uma ideia da importância da alimentação, é bom citar Albert Sabin, o criador da vacina contra a pólio:

> "A causa e a cura do câncer devem ser buscadas na relação direta com a nutrição humana. Peço aos governos dos países interessados em sanar esse mal da face da Terra que busquem aplicar seus esforços em verbas nas pesquisas ecoalimentares, para que a humanidade possa libertar-se dessa terrível doença."

Como seria de se esperar em sociedades como a nossa, obviamente o doutor Sabin não foi ouvido. As verbas para pesquisas ecoalimentares são ínfimas em relação às que se investem na indústria da morte: armas convencionais, tecnologia de guerra etc. Seria ingenuidade pretender o contrário.

A indústria alimentar gasta mais para "envenenar" alimentos – pesquisando conservantes, acidulantes, sabores artificiais que reduzem a proporção do produto *in natura* etc. – do que na produção de alimentos. Além disso, em geral, o maior custo do produto alimentar industrializado está na embalagem (para atrair o consumidor) e na propaganda (para induzi-lo a comprar) – é o caso, por exemplo, do leite "longa vida" vendido em "caixinhas" aluminizadas, que custam de 5 a 8 vezes o preço do leite. Uma família média nos Estados Unidos gasta entre 500 e 1.000 dólares de sua renda anual "apenas para pagar embalagens".

Não surpreende, portanto, que tenhamos hoje uma cozinha química, como denuncia o doutor Ernest Snyder a quem já nos referimos. O jantar comum de uma família norte-americana da classe média traz mais de quarenta aditivos químicos, apenas para melhorar (!) a cor e realçar o sabor. Um creme de cenoura industrializado é, provavelmente, mais saboroso do que o feito tradicionalmente com produtos naturais. Por quê? Porque esse creme contém aditivos que não só "realçam" o sabor como viciam e deturpam o paladar.

Nos Estados Unidos, o Comitê de Tecnologia Alimentar, ligado à Academia Nacional de Ciências, relacionou mais de dois mil produtos químicos como base do que se adicionam aos alimentos industrializados, demonstrando que eles são perigosos para o consumo humano. No entanto, tais alimentos continuam a ser vendidos à população, e a propaganda de produtos alimentícios aumenta cada vez mais.

Por quê? Porque o desenvolvimento da economia capitalista, não levando em conta o ser humano, mas a sua operacionalidade, obriga que seja assim. É impossível alimentar, dentro do sistema de lucro, uma população de 200 milhões de norte-americanos, sem condensar ou multiplicar artificialmente os alimentos. Se os cientistas da Academia Nacional de Ciências dão o alerta de que agentes cancerígenos são distribuídos aos milhões, outras organizações mais "responsáveis", ligadas ao sistema econômico, socorrem a indústria. Assim, organismos do próprio governo norte-americano dão o aval para que tais drogas sejam consumidas como alimentos. Resultado: obesos, hipertensos, diabéticos...

Cegando as crianças

Um exemplo desse oportunismo pôde ser visto no Brasil, quando uma explosão na usina nuclear de Chernobyl, na Ucrânia, em 26 de abril de 1986, provocou a expansão de uma nuvem radioativa que contaminou pessoas e animais em boa parte da Europa. Nos países escandinavos milhares de toneladas de alimentos tiveram de ser destruídos e rebanhos de rena foram sacrificados. Lugares distantes, na Áustria, na ex-Iugoslávia e até na Itália foram atingidos. Os resultados sentem-se, ainda hoje, com o nascimento de crianças geneticamente comprometidas. Apesar disso – e do alerta de nossos cientistas –, o governo brasileiro importou carne e leite em pó condenados na Europa por causa da explosão em Chernobyl e autorizou o seu consumo, alegando que os níveis de contaminação não eram perigosos.

Em junho de 1987, as autoridades dos Estados Unidos recusaram uma tonelada de extrato de carne exportada pelo Frigorífico Bordon, de São Paulo, por apresentar altos índices de radioatividade. Essa carne estava contaminada pela explosão de Chernobyl e foi comprada dos europeus, com subsídios do governo, para abastecer o mercado brasileiro – que na época tinha o segundo maior rebanho bovino do mundo. Dela se fez extrato e tentou-se vendê-la aos Estados Unidos, que a recusaram. Um dos diretores do Frigorífico Bordon explicou que a contaminação radioativa "pode ter acontecido" por ser o extrato "um produto muito concentrado, com 80% de proteína". Mas, segundo ele, não tem importância, uma vez que "o extrato de carne não é vendido diretamente ao consumidor, pois serve de matéria--prima para fazer produtos industrializados, como sopas e similares". Alguém vai tomar essa sopa...

Nesses casos, como no de outros de alimentos impróprios proibidos pelo Ministério da Saúde, tecnocratas ligados a empresários conseguem a liberação para o consumo alegando "razões de mercado" e utilizando-se de laudos dúbios, afirmando, por exemplo, "que a radioatividade nos alimentos é tolerável dentro de certos limites"...

Com expedientes parecidos, negociantes irresponsáveis sentem-se livres e impunes para vender um produto amarelado que dizem ser manteiga, composto entre outras coisas por beta-naftilamina, um derivado de hulha que determinadas autoridades sanitárias afirmam não ser nocivo à saúde. Mas os cientistas têm sérias dúvidas, entre outras coisas porque, mesmo nos Estados Unidos, não se pesquisou suficientemente tal componente: por enquanto as cobaias são os consumidores.

Alguns aditivos alimentares são suspeitos de acelerarem o envelhecimento e provocarem alterações genéticas, após algumas gerações. Cientistas norte-americanos, baseados no fato de que nos últimos cinquenta anos nasceram em média anualmente duzentas mil crianças anormais no país, acreditam que muitos desses casos se devem ao uso dos aditivos alimentares.

Um documento do governo norte-americano informa que drogas, como o glutamato monossódico, usadas para realçar o sabor dos alimentos produzidos artificialmente, "causam danos irreversíveis à retina e levam à destruição de células nervosas do cérebro em *animais em desenvolvimento*". Observe-se que o relatório oficial usou "animais em desenvolvimento" em lugar de "crianças", procurando atenuar o impacto da denúncia.

E por que se usa o glutamato? Porque ele destina-se a "melhorar o sabor para a mãe que experimenta o alimento", que será oferecido à criança. A confissão é da própria indústria que fabricava "comida infantil" contendo tal droga. Ou seja, para "ganhar" a mãe, dá-se à comida um sabor que pode levar a criança à cegueira. Não é demais lembrar que a maioria dos refrigerantes fabricados no Brasil contém glutamato de sódio.

O incansável doutor Snyder denunciou o caso dos corantes artificiais. Os fabricantes de bolo descobriram uma droga que, adicionada à farinha, reduzia em 50% a quantidade necessária de ovos. Porém, o bolo ficava esbranquiçado e os consumidores o rejeitaram. Solução: corantes. O corante usado anos a fio foi um agente cancerígeno derivado de alcatrão da hulha. Descoberto o crime, vetou-se o produto. Mas os industriais não voltaram a usar o número de ovos necessário. Simplesmente obrigaram as galinhas a botarem ovos amarelíssimos. Como? Introduzindo em sua ração pó de cravo-de-defunto, uma flor que contém alta porcentagem de xantofila, substância muito amarelada. Ninguém ainda denunciou o que a xantofila faz a quem come esses bolos. Ou à galinha.

A água nos Estados Unidos

Metade da população norte-americana bebe água contaminada. Não é a poluição subdesenvolvida a que estamos acostumados: não se espera que em uma sociedade capitalista avançada se engula coliformes fecais *in natura* como no Brasil.

Nos Estados Unidos bebem cianureto e sais de nitrogênio. Esses sais encontram-se nos lençóis subterrâneos sob as terras que sofrem adubação química intensiva, e a lavoura é depois irrigada artificialmente. A água assim contaminada provoca nas crianças a metemoglobinemia infantil: uma alteração na composição química das hemoglobinas que ficam impossibilitadas de levar oxigênio dos pulmões às células. Nos Estados Unidos 10% das vítimas morrem.

Para o doutor Snyder tal situação é possível porque o governo norte--americano não hesita em gastar bilhões com programas militares e espaciais, mas tem "dificuldade em conseguir 1 bilhão para limpar as águas a fim de proteger a saúde de duzentos milhões de americanos."

Essa era uma realidade sob o presidente Ronald Reagan, ao cortar verbas dos programas assistenciais, continuada por George W. Bush, que cortou ainda mais. Os dois presidentes argumentaram que verbas para serviços sociais têm efeito inflacionário na economia. Barack Obama não alegou nada, mas não mudou o tratamento.

Os paulistas, costumeiramente indignados com a poluição do Rio Tietê e a lixívia* despejada no Rio Pardo, na região de Ribeirão Preto, mal sabem que nos Estados Unidos é pior. Em sua maioria os rios paulistas nada mais são do que esgotos a céu aberto, transportando fezes humanas. A maioria das cidades não possui tratamento para os dejetos lançados nas águas. Nos Estados Unidos, entretanto, quase todas as cidades médias possuem estações de tratamento. O que acontece, então?

Como lá a concentração humana é mais densa, evidentemente há mais fezes para se jogar fora. Só que, no sistema utilizado naquele país, não se consegue limpar toda a sujeira: o custo seria altíssimo e a "fundo perdido", o que, na visão deles, causaria inflação. Dessa forma, embora a água seja "tratada", muitas bactérias patogênicas não são eliminadas. Assim, micro--organismos consomem o oxigênio das águas para produzirem a decomposição biológica etc., etc.; e daí a tradicional consequência: morte de peixes e, no fim da cadeia, o homem bebendo suas próprias fezes.

---

* Tal como o vinhoto, a lixívia é o resto do processo químico que as usinas de álcool despejam nos rios, intoxicando peixes e exalando terrível mau cheiro.

O cuidado com a economia para não haver inflação que prejudique o *ter* da classe média – ou seja, sua capacidade de consumir superfluidades –, justifica a agressão à saúde do povo. Uma sociedade que toma esses cuidados, mesmo contra a saúde do seu patrimônio humano, em geral é altamente industrializada. O que representa, além de alta concentração demográfica, também uma densidade industrial muito mais concentrada. Evidentemente, não se investindo no ser humano, investe-se na produção. Então, como se diz vulgarmente, "pau na máquina".

O lucro matando a natureza

A indústria dos Estados Unidos consome muito aço. Para produzir 1 tonelada de aço, utilizam-se 100 mil litros de água. Um grande frigorífico, empacotando carne, precisa diariamente de cerca de 10 milhões de litros de água. Não há engano: são mesmo 10 milhões de litros. Calcula-se que 25% dessa água evapora no processo industrial. A água restante deveria ser tratada antes de voltar aos rios e lagos. Mas só uma parte é tratada, nas regiões em que a poluição causou graves problemas e provocou campanhas ambientalistas. Mais da metade dessa água retorna poluída aos rios e lagos, muitos dos quais abastecem inúmeras cidades.

O consumo médio diário de água de uma usina elétrica norte-americana é de 2,5 bilhões de litros, usados para refrigerar suas máquinas. Já uma usina nuclear, para gerar eletricidade, gasta 4 bilhões. Somando essas cifras, percebe-se que não se trata apenas da poluição de mananciais, da hidrosfera, ou da eutrofização*, que acaba por exaurir o oxigênio das águas, mas principalmente da simples constatação de que um dia faltará água. Um cálculo da demanda de água para as fontes energéticas dos Estados Unidos estimava algo em torno de 600 bilhões de litros por dia, em 1990, que che-

---

* No processo da eutrofização, a água das chuvas, chegando às lagoas, traz detritos orgânicos (folhas, gravetos etc.) que se depositam no fundo, tornando-as mais rasas. Esse enriquecimento nutricional do fundo possibilita o nascimento de mais plantas e aumenta o número de animais. Porém, quando essa água chega carregada de adubos químicos, o "enriquecimento" é tão acentuado que acelera o crescimento da vegetação, e as plantas ultrapassam o nível da água. Aos poucos esgota-se o oxigênio, as plantas tomam conta de tudo, e a lagoa desaparece. As plantas terrestres invadem o que antes era lagoa. Além disso, as algas que morrem exalam um odor fétido.

garam a quase 1 trilhão de litros em 2006. Hoje, já se gasta o equivalente a toda a água superficial do país. A crise econômica de 2010 não refreou o processo, que continua aumentando em 8 a 10% a cada ano.

Enquanto a tecnologia avança, aumentando a produção energética e industrial, os cientistas pesquisam os danos ambientais decorrentes. E descobrem coisas "pitorescas", como o fato de os norte-americanos beberem pó de pneu. É que o pó resultante do desgaste dos pneus nas estradas asfaltadas, levado pela enxurrada, penetra no solo, atinge o lençol freático e "batiza" a água potável.

No Brasil também conhecemos um processo interessante, verificado com certos componentes utilizados nos alimentos. Existem alguns produtos que causam maior mal ao homem, contaminando o ambiente no processo de sua fabricação, do que quando consumidos como alimentos ou aditivos. O famoso Aji-No-Moto, um pozinho que, segundo a propaganda, "abre o apetite" e "melhora" o sabor da comida, utiliza amônia no seu processo industrial. A amônia é uma solução aquosa do amoníaco, um gás incolor, de cheiro insuportável, usado em refrigeração, quando se prepara o bicarbonato de sódio, ou, em solução, como desinfetante.

Pois bem, em 1977 a fábrica do Aji-No-Moto lançou no Rio Jaguari, perto de Americana, interior de São Paulo, tal quantidade de amônia que matou imediatamente 30 toneladas de peixes. Mais: Americana ficou dois dias sem água, pois a amônia contaminou as fontes potáveis.

Voltando aos países ricos, não é de se admirar, por exemplo, que a Holanda importe água potável da Noruega. Os Estados Unidos compram água do Canadá e há mais de trinta anos estuda-se como trazê-la da calota polar: os *icebergs* viriam rebocados até a costa norte-americana e degelados; a água seria distribuída à população. Planeja-se testar o plano em San Francisco, na costa oeste. É um processo insano: polui-se a água que está no quintal e, para não interromper o processo da busca ao lucro, aumenta-se o custo pensando em transportar montanhas de gelo desde os polos. (Falaremos mais sobre a água no capítulo 11.)

Desnecessário ficar relacionando tais absurdos contra a vida do homem e do planeta. Quem quiser saber mais leia os livros específicos: no Brasil eles continuam raros, mas nos Estados Unidos já existem inúmeros.

O que é natural, pois quem mais sofre com a poluição é quem mais reclama. Porém, nos Estados Unidos, ao lado dos protestos dos que exigem melhor qualidade de vida, existem aqueles que, mesmo sofrendo com a poluição, temem que o controle ambiental provoque recessão e eles percam o emprego. E mais forte que todos, o "mercado", apoiado pelo governo, como vimos com a negativa em assinar o Protocolo de Kyoto.

O sistema capitalista parece ter chegado ao ápice de um mecanismo suicida e nada pode fazer para remediar o absurdo sem negar a sua própria essência: isto é, chegou a tal ponto, que todas as medidas corretivas seriam "anticapitalistas", atenuando o processo de busca ao lucro e induzindo ao "prejuízo" para sobreviver, um evidente paradoxo do sistema.

Envenenando os alimentos

A alimentação é um problema não resolvido. Qualitativamente, deteriora-se a comida, na medida em que é preciso aumentar quantidades para abastecer o mercado. Quantitativamente, acentua a injustiça na distribuição quanto mais aumenta a produção de alimentos.

Um exemplo é a pesca e o consumo de peixes no Terceiro Mundo. Enquanto a carne do peixe contamina-se pelos detritos industriais lançados aos mares, do total pescado, apenas 20% se destinam a alimentar a população: 36% são transformados em farinha para ração de animais e os restantes 44% são exportados a preços baixos para os países ricos. A situação agrava-se uma vez que os métodos de pesca são aperfeiçoados.

O mesmo ocorre com a agricultura extensiva, como é o caso da soja e da cana no Brasil: ambas roubam espaço da produção de alimentos e suas safras não se destinam aos brasileiros. Exporta-se a soja e transforma-se a cana em álcool ou em alimento morto como o açúcar artificial.

Assim, países tradicionalmente exportadores de alimentos, como o Brasil, passam a ser importadores. A cana e a soja constituem apenas dois exemplos, pois são várias as políticas agrícolas que concedem subsídios e financiamentos generosos, os quais acabam aplicados na especulação financeira e não na produtividade. Dessa forma, enquanto o agronegócio é um sucesso de exportação, vez por outra importamos alimentos.

Nunca se sabe o que se come

Os rótulos que fornecem a "ficha técnica" dos alimentos industrializados não dizem toda a verdade. Por exemplo, não informa ao consumidor que na composição de algumas salsichas entram 40% de papelão.

Os mais adaptados à sociedade industrial envenenam-se mais. Uma pesquisa do químico François Custot demonstrou que na França, embora a legislação estabeleça um limite de 300 mil bactérias por grama de sorvete industrializado, encontram-se costumeiramente 15 milhões. Para ele, esses 15 milhões de bactérias não são perigosos, apenas atestam as más condições de higiene e fiscalização em que os sorvetes são fabricados. Custot acha que se um sorveteiro tivesse um furúnculo no dedo, ao fabricar o sorvete poderia intoxicar milhares de pessoas.

Custot denuncia ainda que 6% do leite pasteurizado consumido em Paris contém restos de penicilina. Isso ele descobriu como químico de uma cooperativa que fabrica queijos, ao pesquisar por que o leite recebido não estava se coagulando. Era a penicilina, pincelada nas tetas das vacas para curar a mamite, que passava ao leite.

Custot constatou que 30% das cenouras, beterrabas e tomates que ele analisou estavam contaminados por pesticidas. Ele acredita que uma legislação correta bastaria para resolver o caso. Será? Nos Estados Unidos, por exemplo, não falta legislação, e nem por isso lá é melhor do que na França.

Não se pense que só o Brasil tem vez por outra seus produtos rejeitados pelos países ricos. Em 1986 os Estados Unidos recusaram 900 toneladas de queijos franceses e italianos, impróprios para o consumo – desde então, com certa frequência, vários alimentos europeus são vetados ou provocam disputa entre as partes. E o que tinham tais queijos?

Acontece que tanto o leite como o ovo têm características emunctórias, isto é, constituem um dos "caminhos" pelo qual o animal elimina de seu organismo as substâncias tóxicas. Se a vaca pasta em um campo que recebeu altas doses de pesticida, ela absorverá o veneno e tratará de expeli-lo – entre outras formas – no leite. O mesmo ocorre com os ovos das aves que – quase sempre por meio da ração –, intoxicam-se com pesticidas.

Os queijos que os norte-americanos rejeitaram estavam impregnados de DDT por esses motivos. Eles deveriam ser destruídos, mas foram consumidos pelo povo francês e italiano...

O abade francês J. Behagel, especialista em agricultura biológica e químico por formação, cita num estudo a pesquisa de seu colega Roger Audoyer sobre química agrícola e sexualidade. Sem desprezar as modificações dos costumes, a quebradiça moral burguesa etc., ele considera que o uso de pesticidas nos pastos e dos hormônios na ração de aves e bois contribui para o aumento da sensualidade dos jovens franceses, com posteriores efeitos danosos à sexualidade e à procriação. Um estudo com as aves comprovou que quando elas se "alimentam" com DDT, o ovo, embora fecundado, não vinga, e a cria morre sem conseguir romper a casca.

Por sua vez, o abade Behagel analisa a forma como se criam os animais hoje. Segundo ele, o amontoamento de porcos e galinhas, aos milhares, se, de um lado, produz uma superpopulação fácil de ser observada, de outro facilita a contaminação por contágio. Para se prevenirem, os granjeiros utilizam doses maciças de vacinas contra todas as doenças: tuberculose, febre aftosa etc. Com frequência esses animais recebem muito antibiótico, tanto quanto hormônios, para uma rápida engorda.

Essa "medicamentação" penetra na carne e no leite dos animais e, evidentemente, é consumida pela população. Além de atacar a flora intestinal, prejudicar a digestão e a assimilação de alimentos, tal comida ainda provoca distúrbios cardiovasculares. Entre os vários danos possíveis, diz o químico francês, quem costumeiramente ingere esse tipo de carne ou ovos vai precisar de doses maiores de antibióticos se ficar doente.

Convém lembrar que, quanto mais desenvolvido o capitalismo, como nos Estados Unidos e na França, por exemplo, mais "modernas" e maiores são as granjas e maior é a utilização desses processos denunciados pelo abade Behagel — sem se esquecer de que o Brasil é um dos maiores produtores avícolas do mundo.

Há mais de um século se sabe que o açúcar industrial branco é prejudicial à saúde. São clássicos os estudos sobre o aumento de diabetes, obesidade e doenças do coração, desde que o seu uso se tornou comum, a partir da metade do século XVIII. O açúcar industrial branco não fornece elementos químicos essenciais à vida, nem leveduras, enzimas ou vitaminas, enquanto sua digestão e assimilação os retira do organismo. Porém, a propaganda e a informação "científica" equivocadas divulgam que "açúcar é energia".

Para conservar frutas e evitar seu apodrecimento natural usam--se drogas como o difenil ou sais alcalinos de ortofenilfenol. As batatas, para não brotarem, são banhadas em isopropilfenil-uretano (um produto cancerígeno, para variar). Na fabricação de presuntos e salames, aquela corzinha rosada é conseguida com o nitrato de potássio – que nesses embutidos transforma-se em nitrito, que age sobre a hemoglobina do sangue, transformando-se em metemoglobina, e lá se vai o transporte de oxigênio no sangue...

Carnes, queijos, iogurtes, biscoitos, bolos, doces, sorvetes, pastéis, massas etc., tudo está "batizado" com essa parafernália química que nos mata aos poucos – ou, às vezes, rapidamente. As autoridades de todo o mundo sabem disso. E, no entanto, nada muda. Depois que se consolidou a sociedade em que vivemos, seus aproveitadores não podem mudá-la sem abdicar de seus privilégios.

O mecanismo da caça ao lucro sufoca os mais profundos conceitos de respeito à vida. Eles não podem mudar. Resta saber se nós podemos.

4. O "progresso" destruiu nosso potencial agrícola

A PARTIR DA METADE DO SÉCULO PASSADO, UMA VISÃO EQUIVOCADA DO USO DE AGROTÓXICOS ESTERILIZOU MILHÕES DE HECTARES DE TERRAS CULTIVÁVEIS EM TODO O MUNDO. A PRODUÇÃO AGRÍCOLA FICOU CADA VEZ MAIS CARA, ENQUANTO OS ALIMENTOS JOGADOS NO LIXO SERIAM SUFICIENTES PARA MATAR A FOME DE MILHÕES DE PESSOAS.

O motor da fome no mundo

Nos meados da década de 1950 começamos a aceitar técnicas de cultivo que desprezavam as experiências tradicionais e introduziam a máquina no campo. A partir daí a baixa produtividade do latifúndio passou a ser compensada pela máxima exploração do homem sem terra e, em algumas regiões, do trabalho semiescravo. Isso facilitou o que já estava condicionado pela evolução do capitalismo brasileiro: a dependência de juros para sustentar a mecanização de grandes monoculturas ligadas a um complexo agroindustrial.

Aumentaram as falcatruas nos financiamentos oficiais. A parte mais lucrativa da agricultura, em vez de ser a produção agrícola em si, consistia na aplicação, pelo proprietário de terras, de dinheiro do governo no mercado financeiro e até na indústria, pagando juros subsidiados oficialmente.

Ocorreu o paradoxo de que a mecanização forçou a dependência de empréstimos para comprar máquinas e, ao mesmo tempo, proporcionou alta rentabilidade para quem não comprava as máquinas e desviava os financiamentos subsidiados para a especulação financeira do mercado de capitais.

Por sua vez, ainda é comum no Brasil, aquele que planta para o consumo interno – isto é, alimentos para a população –, depois de vender a safra, precisar sujeitar-se a novos juros para renovar os financiamentos, pois os preços nem sempre cobrem os custos. O sistema força o barateamento dos alimentos na fonte, ao privilegiar os especuladores e o modelo exportador. Assim, os preços dos alimentos (arroz, feijão, milho) sobem ao passar dos atravessadores e atacadistas ao consumo popular.

Na década de 1960 ensaiávamos a modernização no campo. Nos anos 1970 essa política atingiu sua maior força. Era parte de uma estratégia de dependência de longo alcance, lançada pelas multinacionais. Foi nesse período que a agricultura passou a ser um "bom negócio", especialmente para os que não trabalham diretamente a terra.

As escolas, "saneadas" pela ditadura militar, formaram agrônomos com uma nova mentalidade, para construírem o "Brasil grande". Multiplicaram-se as fábricas de adubos; a engenharia genética passou a ser um "milagre" divulgado amplamente pelos jornais. E as múltis "cooperaram" com o progresso brasileiro: financiaram cursos, deram verbas para faculdades, ofereceram estágios para estudantes e agrônomos recém-formados, que ouviram de experientes cientistas com sotaque – o que, no Brasil, confere grande poder de persuasão – as maravilhas conseguidas com o envenenamento da terra.

O Ministério da Agricultura e as secretarias estaduais encheram-se de técnicos que saíram pelo país analisando terra e receitando veneno. Os grandes fazendeiros nem precisaram ser convencidos, pois a eles, antes, foram oferecidas todas as benesses financeiras possíveis, desde que aplicassem a nova política.

Os pequenos sitiantes foram chamados aos centros técnicos do governo para aprenderem vários segredos. Embasbacados, ficaram sabendo que aquela sua terrinha que sempre deu mandioca, milho, arroz e feijão – vejam só! – tem um tal de pH que é preciso corrigir com uns pozinhos que custam o olho da cara.

Eles aprenderam que as sementes que plantavam não serviam: era preciso comprar os tais pozinhos e seus parentes, que quase custavam o preço da roça, mas prometiam produzir um absurdo a mais. Eles se assustaram ao serem informados de que produziam mais, desde que, além do pozinho para corrigir o pH, também aplicassem potássio, nitrato... e por aí vai. No banco, receberam formulários que ofereciam um mundão de dinheiro, às vezes mais do que as safras esperadas – se comprassem os "remédios" indicados para a terra "doente".

Os paradoxos do "progresso"

Com esse modelo, a produção de grãos no Brasil ficou cada vez maior; mas o aproveitamento social nunca foi tão baixo. Quando a lavoura era o principal item da economia brasileira, antes de "modernizar-se", ela alimentava o povo e ainda sobrava café e carne para exportar. Agora, falta comida: intermitentemente passamos a importar arroz, feijão, carne e leite. O alimento produzido no país ficou mais caro e, na lógica capitalista, é melhor importá-lo.

As terras, com adubação química e pesticidas matando os bichos, ficaram mais pobres. Em algumas regiões definharam, erodidas ou envenenadas, como no outrora fertilíssimo Paraná – e nos últimos anos no Mato Grosso do Sul e Rio Grande do Sul. Se juntarmos aos prejuízos econômicos e financeiros de tal política agrícola o custo social dela decorrente, a situação é alarmante.

Desde 1970 os grandes conglomerados químicos multinacionais aplicam no Brasil uma tecnologia contestada nos seus países de origem, por causarem problemas graves. O desvirtuamento consequente é tão grande que se altera de forma drástica o uso da terra, retirando-lhe a função básica de alimentar o povo. As vastas plantações de cana, em certo tempo, nada mais foram que abastecedoras de combustível, para que a indústria automobilística superasse sua crise. O Proálcool fez baixar a produção de alimentos, desestabilizou a política de trabalho no campo (especialmente ao atrair migrantes do Nordeste e do norte de Minas e não conseguir aculturá-los nas zonas canavieiras do interior paulista), sugou recursos do Estado, concentrou de forma arriscada agrotóxicos e poluiu terras, ar e águas – praticamente todos os rios das regiões canavieiras estão contaminados. Para enfrentar as incertezas comerciais do álcool como combustível automotivo, criaram-se novas formas para "compensar" os usineiros, fortalecendo, a partir de então, o modelo agroexportador.

E para quê? A realidade brasileira é uma resposta eloquente. Isso não quer dizer que não se deva plantar cana e soja, fazer açúcar, álcool e exportar grãos, embora o modelo utilizado não corrija o desvirtuamento agrícola inerente ao latifúndio; ou que se ignore a validade de experiências como a produção do biodiesel e outras formas de energia, a partir do bagaço de cana; menos ainda que se neguem os avanços da biotecnologia, por preconceito ou medo dos grãos geneticamente modificados. A questão é a forma como essas conquistas são aplicadas, às vezes contrariando a experiência científica ou não a testando suficientemente. O que se critica é a manutenção de um modelo concentrador de riquezas e de agressividade contra o ambiente.

A situação chegou a tal ponto que, hoje, se fôssemos começar uma nova política nas terras cultivadas do país, teríamos de implantar um processo de cura e regeneração impensável há cinquenta anos. O biólogo Felipe Brum, da Universidade Federal de Minas Gerais, informou a *O Globo* (26 de junho de 1987) que, dos quinhentos insetos considerados pragas na agricultura, quatrocentos já são resistentes a qualquer tipo de agrotóxico. Desde a década de 1990 houve maior conscientização do perigo do uso indiscriminado de agrotóxicos e pesticidas. Iniciaram-se a pesquisa e a implantação de técnicas naturais para o combate às pragas, mas tudo é incipiente e localizado em pequenas áreas experimentais.

É fácil constatar que as minhocas desapareceram das roças de cana ou de soja – e até das grandes hortas tratadas quimicamente. Que pombas, rolinhas, andorinhas, pardais e outras aves "invadem" aos bandos as antenas de televisão nas cidades. Elas fogem das roças, onde sobram poucas árvores e, principalmente, porque o veneno poluiu o ar e matou os insetos que as alimentavam.

A manipulação de agrotóxicos é uma das maiores causas de doenças e mortes no campo, em todo o mundo, conforme pesquisas da OMS. No Brasil, este é um dado difícil de ser verificado, porque há pouca fiscalização e o processo de envenenamento crônico é lento e mata a longo prazo, sem que o trabalhador, desprotegido legalmente, perceba o mal que o estava acometendo.

Historicamente, os portugueses destruíram as florestas de pau-brasil e a mata Atlântica, entre outras agressões menos conhecidas, como a pesca predatória de baleias na costa da Bahia. O caboclo, fruto da miscigenação entre lusos, negros e índios, porém, reaprendeu a viver com a terra. Com a chegada das multinacionais as coisas degeneraram.

Uma insaciável engrenagem

Só um tolo nega o progresso. Uma coisa, porém, é o progresso a serviço do homem, orientado pela ciência, e outra, controlado pelo capital, transformando-se em técnica de obter lucros.

Em 1949, a lagarta-caruncho ameaçou os algodoais da Louisiana, nos Estados Unidos. Os técnicos recomendaram aplicar DDT: os bichos morreriam e as safras seriam abundantes. O veneno foi aplicado e as lagartas morreram, salvando-se as safras. Mas nas safras seguintes elas voltaram e a cada ano foram necessárias doses cada vez maiores. Obviamente os custos aumentaram. Em 1953, apenas seis anos depois, a lagarta tornou-se imune e o DDT já não a liquidava. Então os lavradores da Louisiana passaram a usar, aconselhados pelos técnicos, pesticidas mais fortes, como o Parathion, cuja base é composta de fosfatos orgânicos. Mas as lagartas novamente se adaptaram e foi preciso apelar a venenos com base nos carbamatos.

Hoje, nos Estados Unidos, a lagarta-caruncho dos algodoais é resistente a todos os pesticidas. No Alabama os algodoais foram abandonados, com prejuízo total. Mas os agricultores da pequena cidade de Enterprise, para não perderem as terras, tentaram outras culturas – da monocultura do algodão passaram a praticar a policultura. Deu certo: as lagartas saciavam-se e deixavam as plantas crescerem em paz. Em reconhecimento, os fazendeiros dedicaram um monumento à lagarta em praça pública: foi ela quem lhes reensinou a policultura e o meio de se livrarem de técnicos que encareciam suas safras com toneladas de agrotóxicos.

Assim como nos Estados Unidos, no Brasil existem casos parecidos. O professor de Geografia da UFRJ, Adilson Paschoal, um dos pioneiros da agricultura orgânica no Brasil, autor de *Pragas, praguicidas e crise ambiental*, descobriu que, em 1958, quarenta das principais culturas brasileiras eram atacadas por 193 pragas. Dezoito anos mais tarde, em 1976, ele constatou que nas lavouras que mais receberam pesticidas, o número de pragas aumentou para 593. Entre 1960 e 1980, o uso de agrotóxicos e pesticidas aumentou 9 vezes, mas o número de pragas, em vez de diminuir, cresceu 3 vezes. E o mais grave, "a produtividade física das principais culturas se manteve estagnada ou em muito lento crescimento". São evidências que o sistema desconsidera, pois demonstram a submissão da técnica agrícola a interesses antissociais.

Os exemplos podem ser repetidos até a exaustão. Vejamos outro: com uma dedetização em massa para matar mosquitos em Bornéu, ilha da Indonésia, eliminaram-se também as vespas, que se alimentavam de certas lagartas. Morrendo as vespas, as lagartas, que eram insensíveis ao DDT, multiplicaram-se sem controle. A superpopulação de lagartas comeu as palhas que cobriam as casas. Nessa cadeia, as moscas, que viviam dentro das casas, absorveram o DDT, e as lagartixas, que as comeram, morreram ou perderam a velocidade, tornando-se presa fácil dos gatos. Foi a vez de os gatos morrerem. Festa dos ratos: livres dos seus caçadores, invadiram as casas semidestruídas em busca de alimento e transmitiram doenças, entre elas a peste negra.

Não se trata de historinha interessante: serve para demonstrar como a natureza funciona em cadeia e que, quando se usam apenas certas técnicas, desprezando-se o conhecimento científico global, ocorrem mais danos do que resultados positivos.

No Arizona, por exemplo, para matar a lagarta-rosada, lançaram--se toneladas de DDT nos campos, que acabaram dizimando as abelhas. Em 1968, com a lagarta-rosada desenvolvendo novas formas de resistência, intensificou-se a aplicação de DDT. Resultado: morreram 75 mil colmeias e, ainda hoje, quase meio século depois, a apicultura não se recuperou. Acrescente-se que, como a polinização da alfafa era executada pelas abelhas – por isso elas eram criadas, não necessariamente para obtenção de mel –, a produção agrícola foi atingida. Atualmente, as abelhas estão desaparecendo nos Estados Unidos e em alguns países da Europa; porém, os pesquisadores ainda não descobriram a razão.

Nos Estados Unidos ainda se usam poderosos herbicidas à base de Picloram. Despejado às toneladas no Vietnã, o Picloram permanece no solo durante anos e contamina rios e lagos para onde é carregado. Depois de testes no Bionetics Research Laboratory, descobriu-se que o Picloram, além de prejudicar a vida vegetal, é cancerígeno. Um grupo de cientistas, estudando crianças que nasceram deformadas no Vietnã, concluiu ser provável que isso tenha sido provocado pelo Picloram. Atualmente, o Picloram é a base dos herbicidas mais usados nos pastos do Brasil – a maioria fabricada pela Dow Agrosciences Ind. Ltda. – apesar de vários estudos indicarem que ele permanece no solo durante anos e causa câncer de fígado.

E daí?

E daí vale tudo. Às vezes proíbe-se um produto altamente tóxico e evidentemente perigoso. Mas logo surge outro congênere no mercado – não raro, mais tóxico. O próprio processo de resistência das "ervas daninhas" e dos bichos que se pretende matar exige maior toxicidade. E o "prejuízo" de se retirar uma droga do mercado pede que outra mais lucrativa seja colocada em seu lugar.

A agressão ao solo tornou-se prática comum. Os cientistas calculam que, de 1882 a 1952, cerca de 15% das terras do planeta tornaram-se impróprias para o cultivo. Delas, 39,4% perderam metade do seu húmus. No mesmo período, as terras férteis teriam baixado de 85% para 41% nas áreas cultivadas. As modernas técnicas de trabalhar a terra, arando e revolvendo com máquinas pesadas, também contribuíram para esse processo; além, claro, do vento, da água, do mau uso da adubação etc. Seria de se esperar que atualmente, com o conhecimento disponível e uma tecnologia avançada, fosse diferente. Mas não é: as crescentes áreas desertificadas na África, nos Estados Unidos – e também no Brasil, na Argentina e na Austrália – atestam que a busca ao lucro ainda prevalece sobre a necessidade de preservar a terra e a Terra.

A isso alia-se o impasse econômico capitalista, que, em crise de crescimento, não pode deixar de expandir-se. A agressão à natureza, que transforma a terra em "lata de lixo dos laboratórios químicos", não representa "burrice", "desinformação" ou "maldade", mas a manutenção de um sistema que se alimenta no processo da sua destruição.

É por isso que o aumento da produção no campo – quase sempre um dado ilusório, estatístico, como a "supersafra" brasileira ou a "revolução verde" na Índia – expõe as injustiças, com sua carga inseparável: a poluição.

E cria problemas cíclicos insanáveis. Uma vez que a "ajuda" dos países capitalistas adiantados aos subdesenvolvidos obriga estes últimos à implantação de novas técnicas, faz deles prisioneiros. Por exemplo, a Índia compra adubo, especialmente do Japão. Mas a Índia já não tem dinheiro para pagar o adubo, nem pode importar combustível para os tratores. Isso leva a uma dependência maior do capital estrangeiro, que é emprestado – de vários "fundos" do FMI, por exemplo –, para socorrer países na situação da Índia. Na verdade, tais "ajudas" tentam fazer com que os emprestadores recebam seus créditos.

Não é demais lembrar que a "modernização" introduzida na Índia, alheia à sua cultura e métodos de cultivo, agravou o problema da fome. Porque nesse sistema, para "dar lucro", a produção tem de ser exportada, pelo menos em parte, como no Brasil. Um exemplo mais dramático foi observado no Sahel, no norte da África, uma das regiões mais subnutridas do mundo. Ali, os europeus substituíram os métodos agrícolas tradicionais por uma agricultura extensiva e pecuária de corte. Metade da produção de grãos, ocupando 150 mil hectares, destina-se a alimentar o gado. Enquanto se exporta carne, dando lucro a empresários europeus, o povo passa fome. Em resumo: os países industrializados financiam modelos de agricultura que acentuam a fome nos países pobres, que lhes exportam alimentos baratos. Dessa forma, os campos europeus podem ser usados para alimentos "nobres", como o trigo, a cevada etc., enquanto os povos pobres fornecem-lhes soja (para alimentar cães e gatos), milho, arroz e carne (de rebanhos que exigem grandes pastagens).

As necessidades de alimento dos pobres são maiores do que a distribuição planejada pelo sistema. Dividir equitativamente a comida e abandonar a "estratégia do desperdício" significaria mudar radicalmente o sistema econômico e, portanto, seu próprio fim. O capitalismo em expansão incentiva técnicas que multiplicam seu lucro, mas não satisfazem as necessidades dos povos pobres. Não se trata de escassez de alimentos: eles apenas são mal produzidos e pior distribuídos.

Por exemplo, se todos os países do mundo adotassem as técnicas de produção mecanizada dos Estados Unidos, o que aconteceria? Fartura para todos? Não. Mas o esgotamento das reservas de petróleo disponíveis, tal a quantidade necessária para movimentar as máquinas.

Vimos que bastaram setenta anos (1882-1952) para que 39,4% das terras cultivadas perdessem seu húmus. Nesse período destruiu-se um terço das florestas restantes e as terras impróprias para a agricultura aumentaram em 1,5 bilhão de hectares. É fácil imaginar o que ocorreria se a totalidade das técnicas de produção agrícola capitalista fossem postas à disposição de todos hoje, quando o processo é muito mais destrutivo.

O aumento de produção nas sociedades injustas tem provocado a queda da qualidade de vida dos mais pobres.

Só o lixo acabaria com a fome

Há quase um século, Paul Claudel, então cônsul da França em Nova Iorque, enviou um indignado relatório ao governo francês, demonstrando que o lixo dos nova-iorquinos era suficiente para matar a fome dos chineses. Foi ridicularizado: quem se indigna corre esse risco. Mas Claudel continua tendo razão: o lixo norte-americano atual livraria da fome milhões de pessoas. Os Estados Unidos "perdem" cerca de 40% dos alimentos que produzem. Esse desperdício seria suficiente para acabar com a fome na África — e com o excedente produzido pelos outros países ricos, não haveria fome no mundo. No entanto, a fome ainda é um dos flagelos da humanidade. Por quê? Porque a divisão equitativa dessa produção implica mudança das relações econômicas.

A principal preocupação de uma política agrícola deveria ser alimentar os povos do mundo. Atualmente, cerca de 1,2 bilhão de pessoas passam fome e estão subnutridas. Se à fome, somarmos as guerras, a pobreza e a Aids, teremos mais de um bilhão de crianças atingidas, metade da população infantil do planeta, informou a UNICEF (Fundo das Nações Unidas para a Infância) em janeiro de 2005. Segundo o UNICEF, apenas no Brasil, 27 milhões de crianças estão abaixo da linha de pobreza – existem regiões, como no semiárido nordestino, em que 75% delas estão subnutridas. Esses dados tiveram pouca variação em 2010, quando a UNICEF informou, também, que um terço das crianças dos países em desenvolvimento apresenta atraso no crescimento físico e intelectual. Em 2010, 40% das mulheres dos países em desenvolvimento estavam anêmicas e abaixo do peso. O dado trágico continua: 11 mil crianças morrem diariamente vítimas da subnutrição.

Na África, mais da metade das crianças africanas está desnutrida. Essa "epidemia de fome" é chamada de *Kwashiorkor* – que significa "primeiro e segundo" em um dos dialetos tribais. A explicação é que, ao ter o segundo filho, a mãe deixa de amamentar o primeiro. Sem o leite materno, ele come alimentos pobres em proteínas e sofre as consequências: pequena estatura, doenças de pele, queda de cabelos e diarreia. Não se desenvolve psicologicamente e torna-se triste; não fala até os três anos. Magros e inchados, os mais dispostos sobrevivem comendo gafanhotos e outros insetos, engolindo terra, banqueteando-se com ratos e animais mortos. Se não morrerem de tifo, talvez cheguem à adolescência, raquíticos e cegos na maioria – quase todos com o cérebro comprometido. A esse quadro, nos últimos quarenta anos, somou-se a epidemia da Aids.[*]

Deveria haver um planejamento agrícola para sanar essa situação. Mas a política agrícola capitalista pensa apenas na sua expansão global e

---

[*] Nesse período, a Nestlé fez campanha na África para substituir o leite materno pelo leite em pó. Tal fato foi denunciado em um livrinho quase clandestino, *The baby scandal (O escândalo do assassinato do bebê)*. No Brasil, a Nestlé foi acusada de utilizar hormônios no leite em pó Nestogeno, a fim de estimular o crescimento mais rápido dos bebês. O governo não submeteu a multinacional a nenhuma investigação.

acaba voltando-se para as classes que podem consumir. Por isso a produção é cara e antissocial.

Não se estranha, pois, que o valor da produção norte-americana de alimentos para animais de estimação é maior do que a renda média da maioria dos países pobres. Na França, produz-se alimentos para bichos de estimação que poderiam alimentar 12 milhões de crianças subnutridas. A indústria de ração para animais, hoje, é 25% maior que a de alimentos para crianças. Uma das causas da caça às baleias é conseguir carne para alimentar bichos de estimação.

Dentro desse quadro desarmônico, em termos do não aproveitamento dos recursos em favor do homem, não é demais lembrar que os Estados Unidos dominam 80% do comércio mundial de cereais, embora só produzam 20% dos grãos. O capitalismo norte-americano manipula de tal maneira as trocas internacionais, que o custo ou preço dos alimentos torna-se impraticável para os povos pobres. Nesse processo, o "mercado" força que o excedente de consumo, em vez de ser distribuído a preço justo, seja transformado em ração animal.

A indignação já era coisa ingênua quando Paul Claudel percebeu que o lixo de Nova Iorque mataria a fome de milhões de pessoas. Se ele vivesse hoje seria ridicularizado ainda mais, pois diria que são os cães e gatos que estão comendo a comida das criancinhas…

Por sua vez, ao exportar técnicas para aumentar a produção nos países subdesenvolvidos, o capitalismo agrava o problema da dependência. Como diz o economista brasileiro Ladislau Dowbor, em *Introdução teórica à crise*:

> "O monopólio exercido, tanto em termos de peso qualitativo e quantitativo nos fluxos mundiais de bens e serviços, como ainda sobre o suporte organizativo do mercado internacional (recursos de comercialização, de transportes, sistema de apoio de seguros, bancos, telecomunicações), leva a uma situação insustentável em termos de troca. *Hoje, dez caminhões são pagos com o valor equivalente de 1.500 toneladas de arroz, o trabalho de um ano de 1.500 camponeses do Terceiro Mundo, quando, no norte, com 1.500 trabalhadores,*

faz-se funcionar uma fábrica de caminhões. Como pode um país pobre equiparar-se com esses custos? Um mês de assistência técnica dos países do norte custa cerca de 6.000 dólares, o equivalente a 18 toneladas de arroz, trabalho de um ano inteiro de dezoito camponeses para pagar um mês de um técnico europeu. A relação de troca de tempo de trabalho fica em cerca de 1 para 150."

Tais técnicas são formas de implantar uma política de espoliação. Produziríamos alimentos mais sadios e baratos, se aprendêssemos o óbvio. Por exemplo, que uma vaca produz cerca de 8 toneladas de esterco por ano. Mas, para usufruirmos dessa experiência, precisaríamos reciclar os conceitos formulados pelos "especialistas" e, mais que isso, criar mecanismos políticos para enfrentar o "mercado".

5. Nossas madeiras, florestas e o império da cana e da soja

Há quase mil anos o homem conhece o perigo do desmatamento. A derrubada das matas leva à desertificação, ao extermínio da fauna e causa graves desequilíbrios climáticos. Embora o ritmo de derrubada das matas tenha caído no Brasil, ainda somos os campeões em desmatamento. A expansão da cana e da soja, nos moldes tradicionais de concentração de terra, agride a natureza e aumenta a injustiça social.

Destruindo o equilíbrio vital

A fotossíntese funciona assim: a árvore usa as raízes como mangueiras subterrâneas, "chupa" a água do solo e deixa o líquido evaporar através das folhas. A água que se evaporou durante o dia condensa-se à noite e orvalha as folhas e o solo, de onde é "puxada" novamente para dentro da terra, repetindo-se o processo. O ar fica fresco. Quanto mais árvores, mais saudável o ar. Muitas vezes o vento leva a água evaporada para longe, "balanceando" a distribuição de ar fresco. Por isso, as florestas são importantes. Se destruirmos florestas ou cortarmos árvores, prejudicaremos o processo do equilíbrio ecológico.

A evaporação também é uma forma de purificar a água (os vírus, por exemplo, não evaporam): a chuva e o orvalho são líquidos puríssimos.

A água evaporada é sempre pura, isenta de vírus, mas pode encontrar uma atmosfera poluída e voltar suja. A queima de combustíveis fósseis – petróleo, carvão etc. – por veículos e indústrias, libera o dióxido de carbono (CO_2), que se acumula na atmosfera. O dióxido de enxofre e os óxidos de nitrogênio, lançados na atmosfera, juntam-se à fumaça e partículas de metais tóxicos e reagem com vapores-d'água, que "caem" sobre os seres vivos – é a chuva ácida, que causa várias formas de câncer e murcha e mata a vegetação, impedindo o desenvolvimento normal dos processos regenerativos naturais.

O excesso de dióxido de carbono poderá incrementar em até 10% também o processo de fotossíntese. O problema é que em futuro breve não haverá árvores suficientes para "limpar" a atmosfera do excedente de dióxido de carbono. Assim, se a fotossíntese tornar-se insuficiente, faltará oxigênio molecular (O_2), que compõe 21% da atmosfera. E o oxigênio – digamos puro (O) – é formado pelo O_2, dióxido de carbono (CO_2) e pela água, a famosa H_2O. Tudo se complica, pois nessa cadeia forma-se também a glicose, matéria-prima da respiração e que produz energia pela quebra de sua molécula. Dá para perceber o que acontecerá quando as árvores forem insuficientes para realizarem a fotossíntese.

Por sua vez, o excesso de dióxido de carbono e outros gases acumulados na atmosfera formam uma camada que impede a liberação do calor superficial da Terra para o espaço. É o efeito estufa, responsável pelo aquecimento do planeta. Da Primeira Revolução Industrial (final do século XVIII) até hoje, a quantidade de dióxido de carbono na atmosfera aumentou 30% – e deverá dobrar até a metade deste século. Nesse ritmo, a temperatura da Terra poderá aumentar de 2 a 6 graus centígrados. Além das alterações climáticas, isso provocará o aumento do nível das águas do mar e poderão ocorrer inundações nas grandes cidades litorâneas, principalmente se as calotas polares se degelarem, como é provável.

Há duzentos anos, quando se começou a usar os combustíveis fósseis mais intensamente, estimava-se em 280 partes por milhão a concentração de dióxido de carbono na atmosfera. Hoje, Russel Schnell, vice-diretor da Administração Nacional de Oceanos e Atmosfera dos EUA (NOAA), em

Mauna Loa, afirmou que "a concentração de CO_2 não só continua a crescer, mas atingiu um ritmo recorde". Contra as 280 partes por milhão de duzentos anos atrás, Schnell anunciou 376 partes por milhão em 2003 e 379 partes por milhão em 2004. De 1952 a 1992, a elevação foi de 1 parte por milhão anualmente; de 1993 a 2002 passou a 1,8 partes por milhão; e entre 2003 e 2004, a 3 partes por milhão. Esses dados são mais perturbadores do que qualquer catastrofismo.

A natureza não é passiva

Com o pragmatismo científico e tecnológico, os homens sentiram-se capacitados para modificar a natureza. Esse pragmatismo venceu a resistência teórica de uma minoria que se opõe ao uso indiscriminado da técnica.

Os químicos, por exemplo, fabricaram herbicidas e inseticidas sem se preocuparem se tais substâncias agrediriam a natureza. Não se trata apenas de insensibilidade ética ou da prevalência de equívocos, que entendem a natureza como algo inesgotável, mas, também, da submissão de cientistas aos interesses da indústria.

Atualmente, cultiva-se apenas metade das terras produtivas: a outra metade ficou infértil pela erosão. Poucos sabem que o Oriente Médio, a Grécia e o norte da África já foram regiões cobertas por densas florestas. Na China, a erosão arruína anualmente 2,5 bilhões de toneladas de terra. O desflorestamento, a monocultura e as ventanias provocaram o fenômeno do *dust bowl* (nuvens de poeira produzidas pela erosão) no centro dos Estados Unidos. Os norte-americanos perderam nos últimos 200 anos mais de 120 milhões de hectares pela erosão. Em todo o planeta, mais de 5 milhões de quilômetros quadrados (duas vezes a superfície da Argentina e mais da metade do Brasil) de terras cultiváveis se perderam pela erosão. É o preço de tentar "mudar" a natureza para obter maiores lucros.

Não bastassem as ameaças "normais", como a destruição de florestas, com desmatamento e queimadas, existiram alguns projetos absurdos. Por exemplo, na década de 1970, o Instituto Hudson, dos Estados Unidos, propôs aos militares brasileiros a criação de "mares internos" na bacia Amazônica, o que afetaria o clima do planeta e destruiria milhares de quilômetros quadrados de floresta. Essa ideia foi abandonada no Brasil, mas planejou-se algo semelhante para a África central, com o represamento e desvio de vários rios, submergindo 10% do território africano.

Eram projetos geopolíticos, que previam a ocupação do espaço para fins de dominação, sem levar em conta que a natureza não é passiva. A esses projetos mirabolantes, não raro se reage com a deificação, do tipo "a natureza é intocável". O que pode levar à ideia de que o homem é um parasita da natureza. Essa falsa noção é bem clara em Jean Dorst (*Antes que a natureza morra*), que rebaixa o homem à categoria de verme. Para ele "o homem apareceu como um verme num fruto, como uma traça numa pilha de lã, e deteriora seu hábitat, segregando teorias para justificar sua ação."

Evidentemente não se trata disso. Uma atitude racional diante dos fenômenos naturais mostra que o homem não é parasita da natureza e nem precisa lutar contra ela. A natureza e o homem têm objetivos próprios, que podem harmonizar-se. A questão é classificar e entender tais objetivos.

Quando a ganância e os desajustes sociais desprezam os objetivos da humanidade e da natureza, quebra-se a harmonia. Ao deificarmos a natureza, exageramos suas verdades; ao desrespeitá-la, agredimos o ambiente. Essas duas atitudes extremas anulam as possibilidades científicas de um desenvolvimento sustentável, em sintonia com as necessidades humanas.

É urgente que sejamos equilibrados, pois a agressão ao ambiente agravou-se com o desenvolvimento técnico-científico. Para recuperar o equilíbrio perdido o homem precisa racionalizar sua crítica.

O homem é criatura e criador. A ciência é sua criação. A manipulação de técnicas contrárias ao bem-estar da humanidade, que em última instância levam à provável destruição de seu hábitat, é mais perigosa quando não encontra resistência racional.

Se lembrarmos que na natureza tudo acontece em cadeia, que um desastre ecológico sempre é seguido de outros, as coisas ficam mais graves. Por exemplo, na Itália, que dos seus 301.200 quilômetros quadrados já perdeu 50.000 com a erosão (quase 1/5 das suas terras), a água diminui a cada dia, enquanto crescem as necessidades de consumo. E essa água é uma das mais poluídas do mundo, a tal ponto que, apesar da escassez, fecham-se poços, de tão sujos por dejetos industriais. Em Milão, o lençol freático está cada vez mais baixo e nos últimos quarenta anos quase cem poços foram lacrados. Em Bolonha, o lençol freático estava a 12 metros da superfície, em 1943; chegou a 35 metros e continua baixando.

Como se chegou a isso? Derrubando árvores, prejudicando a fotossíntese, escavando o solo, misturando adubos químicos à terra, despejando toneladas de venenos para matar bichinhos, soltando fumaça pelas chaminés das fábricas… Quem ainda não sabe?

Porém, o mais importante é saber como isso foi possível. E estudar meios para reverter o quadro de destruição. Aprender que no desvio do *ser* ao *ter* criou-se um processo opressivo contra a humanidade.

As florestas em extinção

Em 1854 sobreviviam 81,4% das florestas brasileiras; em 1907 sobravam 58%; em 1920, 44,8%; em 1935, 26,2%; em 1952, 18,2%; em 1962, 13,7%; em 1973, 8,3%. Embora a destruição das nossas florestas tenho diminuído a partir de 1990, o Brasil continua o campeão absoluto de desmatamento. Um estudo publicado na revista científica *Proccedings of the National Academy Sciences*, em 2010, concluiu que o Brasil desmata quatro vezes mais do que a Indonésia, que produz quase o dobro de madeira. Enquanto na Indonésia se desmatam 7 mil km^2 de matas anualmente, o Brasil, mesmo reduzindo o ritmo do desmatamento, destrói 26 mil km^2 por ano. Nosso país perde anualmente 3,6% das suas florestas, enquanto a média de perda na América Latina é de 1,2%, segundo Mathew Hansen, que coordenou a pesquisa para o Centro de Excelência em Ciência de Informação Geográfica da Universidade Estadual de Dakota do Sul.

Com o machado, o homem desmatava pouco mais de 1.300 metros quadrados de floresta por dia, em média, trabalhando em grupo, pois sozinho era menos eficiente. Com a motosserra, em um dia ele desmata 5.000 metros quadrados. Na Amazônia, cinco homens, um trator e uma corrente derrubam 50 hectares de mata por dia. Ao despejar desfolhantes, um avião "seca" 100 hectares de mata em cinco horas. Com os meios modernos, a avidez do lucro, a impunidade geral e a ineficiência de fiscalização, não há floresta que resista.

Depois de derrubada, a madeira segue para as serrarias. A de primeira qualidade é exportada; em geral, como contrabando. A floresta fica nua. O bioma (os seres vivos de uma região) das florestas tropicais é muito frágil. A floresta é exuberante porque os depósitos de folhas e galhos, apodrecendo no chão, "alimentam" as árvores. Ao se arrancar as raízes das grandes árvores, quebra-se o ciclo que possibilita a alimentação das plantas pelo trabalho do fungo chamado microrriza. É esse fungo que permite a absorção dos nutrientes. Então, rompido o elo, o solo fica mais "fraco". Empobrecido de minerais, em pouco tempo o solo perde seus nutrientes.

Ao derrubar a floresta os especuladores lucram, mas a sociedade perde com a redução da madeira, que poderia ser aproveitada racionalmente. Com menos árvores há menos oxigênio, necessário para a revitalização da mata. Assim, diminui-se a quantidade de água que as plantas lançam na atmosfera através da sua transpiração, o que pode modificar o regime de chuvas.

A clareira aberta perde substâncias nutritivas, que escoam para os rios. O sol seca o solo, oxidando os detritos e o húmus; os decompositores morrem e não há reciclagem para os nutrientes. O que resta, escoa com a chuva. Como o desmatamento quase sempre vem acompanhado da queimada, causa desequilíbrio na fauna. Algumas espécies aumentam, outras desaparecem. Os insetos herbívoros multiplicam-se (pois seus predadores, os morcegos, morrem ao perder seu hábitat) – depois eles também desaparecem, porque não há erva para comer.

Os adubos químicos pouco adiantam, já que o solo não pode retê-los, devido à ausência do microrriza, responsável pela "circulação" da matéria orgânica podre (galhos, folhas). Plantando-se nesse solo, a primeira safra pode ser regular, mas as seguintes serão cada vez piores.

Seguem-se os desastres ecológicos.

Como perder a Amazônia

A agricultura implantada contra a racionalidade científica e os conceitos ecológicos básicos leva à formação de desertos. Em poucos anos poderemos ter um Saara no Brasil. Mas os "realistas" dizem que não há progresso sem macular um pouco a natureza. Quando são criticados por escritores, argumentam capciosamente que a publicação de um livro consome milhares de árvores. Fingem não saber que a celulose pode ser obtida das matas artificiais ou na reciclagem de outras matérias-primas. O problema é o consumo abusivo de madeira, pois se trata de matéria-prima "barata", conseguida nos países subdesenvolvidos. Assim, nos Estados Unidos, o consumo médio anual de cada cidadão da classe média é de 1 tonelada de madeira por ano.

No período "realista" da ditadura militar, permitiram-se projetos multinacionais como o do Jari e da Alcoa. O Estado também procedeu criminosamente, como no caso de Carajás, desmatando para extrair os minérios e fechando os olhos para as empresas que se instalaram em volta, lucrando com a madeira, "limpando" a área planejada para as estradas, que são as pontas de lança da agressão à floresta. O problema não foi resolvido com a democratização do país: nossas melhores essências estão desaparecendo — estocadas nos depósitos norte-americanos, japoneses ou contrabandeadas por multinacionais da Ásia.

O mogno, o jequitibá, a imbuia, a castanheira-do-pará, a maçaranduba, o pau-rosa etc. estão no fim. Com o desmatamento da Amazônia, certas espécies vão desaparecer. Os governos brasileiros, da ditadura militar até hoje, fingem desconhecer o saque, cometido por multinacionais como a Bruynzeel (holandesa), Georgia Lumber (norte-americana), Toyomenka (japonesa), National Bulk Carriers (norte-americana, de Daniel Ludwig) e, recentemente, muitas clandestinas asiáticas — e não devemos menosprezar os empresários brasileiros, tradicionais devastadores da floresta.

Com um discurso "correto" e uma prática omissa, o governo favorece a devastação. Ao investir na Amazônia, as multinacionais conseguem até 50% de descontos no imposto de renda; livram-se do ICM (Imposto sobre Circulação de Mercadoria) e abatem impostos estaduais e municipais ao apresentarem projetos "agropecuários" – que escondem procedimentos ardilosos: desde o "estocamento" de terras ao desmatamento puro e simples, seguindo-se a colocação de alguns bois no "pasto". Isso enquanto geólogos com sotaque, orientados pelos satélites norte-americanos, procuram jazidas minerais. O contrabando de minérios nobres é uma constante, comum nos noticiários.

A geógrafa Irene Garrido Filha, autora de *O projeto Jari e os capitais estrangeiros na Amazônia*, revelou a instalação de várias multinacionais no sul e leste amazônicos, como a ITT, Gulf Oil, Mercedes Benz, Volkswagen, Swift King Ranch, Liquigás SPA, Mitsui, Heiblein, Sifco. Podemos acrescentar mais algumas: Georgia Pacific, Bethlehem Steel, Marubeni, Ester Research Co., Twin Agricultural and Industrial Development, Mitsubishi, Singer, National Bulk Carriers etc.

Os jornais publicaram por anos a concessão de 3,7 milhões de hectares a Daniel Ludwig, para o Projeto Jari. A Liquifarm tem 670 mil hectares, a Georgia Pacific, uns 400 mil, a Union International, acima de 600 mil e, mais modesta, a Volkswagen possui 140 mil hectares.

Entre as maiores serrarias da Amazônia encontram-se a japonesa Eidai, estrategicamente instalada na foz do Amazonas, e a Bruynzeel, que se associou à Bethlehem Steel no Amapá, entre outras. Essas empresas são as maiores fabricantes de contraplacados (aglomerados e compensados) do mundo, utilizando abusivamente nossa madeira, que não lhes custa sequer o imposto – apenas o investimento. Para se ter a medida da devastação, basta recordar que só o Projeto Jari tinha planos de exportar 4,6 milhões de metros cúbicos de madeira para o mercado europeu e norte-americano.

O extinto *Coojornal*, de Porto Alegre, denunciou heroicamente, enfrentando interesses econômicos e a pressão militar, na época, que em apenas dois anos (1973/1974), as multinacionais haviam requerido 188 áreas para pesquisa de minérios só nos municípios paraenses de Marabá e São Félix do Xingu. Segundo o *Coojornal*, "... a maioria dos pedidos de pesquisas não chega, naturalmente, a constituir um programa de investimento. Na verdade, a requisição das áreas é apenas uma das formas de um grupo empresarial ingressar numa região e garantir a sua presença nela, sem que isso signifique a pretensão de explorá-la imediatamente".

Assim, o governo brasileiro garantiu às multinacionais o direito legal de posse dos nossos minérios. Tais "santuários" estão reservados, entre outros donos, para a Alcoa, US Steel, Alcan, Anglo American, Habna, Bethlehem Steel, Shell, Saint Joe, Saint Gobain, Inco, Eternit, Brascan, Brasimet, Mitsubishi, Mitsui, Show & Denko, Sumitomo Chemical, Nippon Steel, Oesterle, Stanko, Normanda, New Jersey Zinc, De Falcon, Exxon, Bunge and Born e até para o grupo Patiño.

E chegou a vez do Pantanal mato-grossense. Em 30 de janeiro de 1986, o Instituto de Preservação do Meio Ambiente do Mato Grosso do Sul confirmou que 600 toneladas de peixes foram mortos de 1984 a 1986, por descargas de agrotóxicos no rio Miranda. Na época, o diretor do Inamb, Astúrio Ferreira, denunciou que estavam plantando soja até nas barrancas dos rios. Mal sabia que menos de vinte anos depois, o governo festejaria a ampliação de área plantada de soja no Mato Grosso do Sul, apesar da evidente ameaça ao equilíbrio ecológico do Pantanal. Mais tarde, a cana chegou ao Pantanal, com várias usinas produzindo dejetos poluidores.

Impunemente, toneladas de agrotóxicos escoam para os rios pantaneiros, ameaçando de morte milhares de animais e, provavelmente, o desaparecimento de várias espécies da face da Terra. Pode ocorrer no Pantanal um dos maiores crimes ecológicos do século. O Pantanal é único no mundo; não se trata apenas de "atração turística".

Lições que não aprendemos

Os índios kayapó cultivam a roça por dois ou três anos. Depois ela não recebe mais cuidados, porém, continua fornecendo batata-doce, inhame, cará, mandioca, mamão etc. por mais quatro ou seis anos. Seus bananais frutificam durante 25 anos. A roça "abandonada" oferece alimentos aos animais, tornando-se um campo de caça, próximo às aldeias. Integrada ao ecossistema, a roça kayapó é planejada para fornecer alimentos, ervas medicinais, tintura, sapé, caça etc. Ao ser "abandonada" definitivamente, começa o seu reflorestamento.

A caçada fornece carne e controla a população de animais, evitando que eles comam as novas roças. Ao caçar, os kayapó poupam machos e fêmeas mais belos, para que melhorem a espécie ao se reproduzirem. Ao longo das trilhas e caminhos que ligam suas lavouras, os kayapó plantam árvores que lhes dão frutas e atraem caça: marmelo, pequi, jambo, açaí, jatobá, pariri, imbaúba, cacau, castanha-do-pará (que demora até 25 anos para frutificar). Para obter sal, plantam tucumã; com o urucu e o jenipapo fabricam tintas. No território kayapó encontram-se lima, laranja-da-terra, murici, limão, mangaba, abacate, goiaba, jurubeba, cupuaçu etc. E babaçu, do qual extraem o óleo, que exportam para a Europa.

Atraídos pelas árvores, os animais comem seus frutos e carregam as sementes para longe, replantando-as em outros locais. Assim, as "trilhas" entre as aldeias são ladeadas de árvores que alimentam os kayapó em suas viagens, e onde se entremeiam mandioca, banana, inhame, cará.

Ao limparem a terra para plantar, os kayapó traçam um terreno circular. Derrubam as árvores de modo que seus troncos tombem dentro do círculo e as copas se amontoem na periferia, deixando corredores entre elas. Esse processo favorece o apodrecimento das folhas que adubam os futuros plantios. O antropólogo norte-americano Darrel A. Posey, num artigo para a revista *Etnobiologia* ("Manejo da floresta secundária, capoeiras, campos e cerrados /kayapó/"), descreve como esse povo indígena "planta" ilhas florestais dentro do cerrado, transportando adubo natural a longas distâncias e misturando-o à terra de cupinzeiros e pedaços de formigueiros esmagados. Com esse método singelo, a cada dez anos, os kayapó conquistam 1 hectare de floresta dentro do cerrado.

Os índios já foram criticados por queimarem as matas para plantar. Os estudos de Posey demonstram a leviandade dessa crítica: os kayapó, por exemplo, não queimam a mata para aumentar o espaço do plantio, "mas para proteger e estimular o crescimento de trechos da floresta". Além disso, dizem que a queimada, à noite, é um belo espetáculo, ao qual assistem durante horas, apreciando a plasticidade das chamas, enquanto se livram do excesso de cobras, escorpiões e bichos peçonhentos. Por isso eles queimam antes da "lua de agosto" e do desenvolvimento dos brotos de pequi, pois sabem quais plantas "gostam" do fogo e quais são prejudicadas por ele. O marmelo, o pequi, o tucumã e o murici, por exemplo, "gostam" do fogo e produzem mais frutos se houver queimada.

Os kayapó usam "pesticidas" naturais. Com a formiga *azteca* combatem as saúvas cortadeiras, pois descobriram que as saúvas não suportam o odor ácido das aztecas. Criam pica-paus para que comam o cupim que corrói o madeiramento de suas casas. Indígenas do alto Xingu empregam lagartos para exterminar grilos. Certos povos indígenas da Amazônia aprenderam a desviar as formigas guerreiras para suas aldeias, previamente desocupadas, a fim de "dedetizarem" suas residências: elas comem as baratas, escorpiões, ratos etc. Depois, os índios voltam para suas casas desinfetadas.

As mandíbulas das grandes formigas são usadas pelos kayapó para suturar ferimentos. Grandes apicultores, eles seguem uma abelha na mata para localizar sua colmeia e colher o mel. Algumas tribos amazônicas controlam o volume dos seus rios, ao encurralar em certo espaço o peixe-boi, que come as algas e plantas subaquáticas e assim impede o encalhe de troncos e galhos no leito, o que provocaria inundações.

Essa informação incompleta sobre os indígenas demonstra que, ao destruirmos a floresta, não agredimos apenas o ambiente, com as consequências conhecidas. Também cometemos um crime mais grave: estabelecemos as condições para o extermínio de vários povos que ali habitam há séculos, ecologicamente integradas à floresta.

Depois de degradar a floresta, o "homem civilizado" impõe outros valores aos índios. Os costumes modificam-se quando os índios aceitam as "facilidades" da vida "civilizada": armas, cachaça, prostituição. Esse "progresso" corrompe uma ética que mais se fragiliza quanto maior é o potencial da riqueza física do seu território. No caso dos kaiapó, ensinaram-lhes o valor do ouro. O ouro, que foi um objeto de adorno para eles, hoje é uma fonte de lucro. Ao aceitarem as regras do jogo capitalista para sua exploração, a longo prazo podem ter sua cultura destruída.

A deturpada concepção de progresso não permite que se enxergue a gravidade do caso. Para a sociedade globalizada, tudo o que impede a acumulação de riquezas tem de ser destruído. Os que protestam, mesmo amparados no conhecimento científico que demonstra a política suicida empregada para expandir lucros, são desqualificados como "românticos".

O etnocentrismo considera os métodos indígenas "atrasados". Nesse preconceito está implícito que o homem "civilizado" não pode aprender e apreender certos conhecimentos dos "selvagens".

Por isso, não aprendemos tantas lições.

O homem que mata é herói

Diante do efeito estufa, da agricultura agressiva, da floresta ameaçada e dos riscos que tudo isso representa, pode parecer ingenuidade preocupar-se com o extermínio das espécies animais, ameaçadas pela ação predatória dos homens ou vítimas do "progresso".

Há centenas de espécies em extinção. Em 1950, calculava-se que existiam cem mil tigres selvagens no mundo. Em 2005, confinados em reservas e supervigiados, restavam cerca de 5 a 6 mil, mas a Wildlife Conservation Society (Sociedade para a Preservação da Vida Selvagem) constatou que em 2010 havia só 50 tigres chineses em liberdade, ameaçados de desaparecer. Os rinocerontes de Java e as raposas-vermelhas norte-americanas praticamente desapareceram, sobrevivendo apenas em reservas.

O homem não soube progredir sem exterminar animais. O auroque (espécie de búfalo primitivo, um antepassado do boi) desaparecia já em 1627, quando o último deles foi visto na Polônia. A maioria dos animais não sucumbiu por desastres naturais, como os dinossauros, mas aniquilados pelos homens. E alguns desses homens tornaram-se heróis, por sua capacidade de matar, "ajudando o progresso".

Nos Estados Unidos, em torno de 1870, a ferrovia Kansas Pacific oferecia excursões de trens para caçadores que quisessem abater búfalos. O general Phil Sheridan, comandante militar do território sudoeste, "resolveu" o problema dos índios matando-os; mas antes exterminou os búfalos, que lhes permitiam a sobrevivência. Um outro general, Custer, aproveitou-se da estratégia de Sheridan e, em 1876, atacou os sioux, desesperados pelo extermínio de sua principal fonte de alimento e agasalho.

Billy Tilghman foi outro norte-americano que ficou famoso por abater 3.300 búfalos em seis meses. Buffalo Bill Cody, "mocinho" de muitos filmes, com um rifle apelidado de "Lucrécia Bórgia", matou 4.280 búfalos.

Os bisontes e os búfalos selvagens desapareceram. Em 1907, a New York Zoological Society conseguiu capturar apenas treze bisontes, na tentativa de preservá-los… em jaulas. É preciso ter alguns exemplares, depois de quase exterminá-los, para exibi-los como raridades. Se não nos zoológicos, pelo menos nos casacos de pele (um casaco custa a vida de 65 visons, 42 raposas, 30 lontras ou 400 esquilos).

Na tarde de 28 de junho de 1987, um clube de tiro em Belo Horizonte abateu 2 mil pombos, que antes foram drogados, para prejudicar seu voo e facilitar a pontaria dos matadores. Talvez para justificar a covardia, doaram as aves abatidas ao Educandário Olegário Maciel, que abrigava 140 crianças. Além das drogas, os pombos são transmissores de histoplasmose, uma infecção que ataca os pulmões e poderia afetar as crianças. Nem é preciso lembrar que algumas regiões turísticas do Brasil vivem da caça e pesca "esportivas".

Passivo, o homem não pensa

Chumbo no ar, mercúrio nos peixes. O chumbo respiramos, o mercúrio comemos. Quais os efeitos do vanádio, berílio, germânio, selênio, das tintas e vernizes sobre o homem? Por que, sem motivo aparente, crianças tranquilas que vivem em ambientes impregnados com tais elementos, tornam-se agressivas, com péssimo rendimento escolar e parecem deficientes mentais?

Quem está preocupado com a contaminação eletrônica, que, aliada à poluição química e radioativa, também provoca mutações genéticas? Quem se importa seriamente que o aumento na temperatura média da Terra pode derreter a calota polar? Ou que o aumento do dióxido de carbono na atmosfera está levando a esse aquecimento? Quem realmente está preocupado com o fato de haver cada vez menos oxigênio puro no planeta? Quem se lembra dos perigos da chuva ácida? Ou que a camada de ozônio da atmosfera está sendo "rompida", entre outras causas, pelo uso abusivo do aerossol, expondo o homem a radiações solares ultravioleta, que provocam câncer de pele? Só no Brasil aparecerão anualmente dez mil novos casos de câncer de pele, se a camada de ozônio sofrer uma redução de apenas 1%.

Há alguns anos, classificaram de "catastrofistas" tais denúncias – os defensores ambientais foram chamados de "ecochatos", um sinônimo pejorativo para ecologista. Hoje, tais problemas aumentaram, alguns de forma dramática, como o aquecimento do planeta. Eles existem e são ameaças potenciais que podem complicar a sobrevivência da humanidade – ou da própria Terra, tal como a conhecemos. O conformismo de uns, a ganância de outros, o espírito oportunista de muitos, a alienação e o desconhecimento da maioria contribuem para a falsa visão de que a tragédia engendrada não tem remédio. É mais cômodo não pensar, pois "não tem jeito mesmo". A pergunta é: como enfrentar as estruturas massificantes que jogam com o futuro da humanidade para não abrir mão de seus privilégios? Como?

A cana vai asfixiando tudo

Para cada litro de álcool produzido, 13 litros de vinhoto* são despejados nos rios. Para encher o tanque de um carro médio são necessários 625 quilos de cana. O custo da produção do álcool é duas vezes maior que o da gasolina. O álcool combustível só é "mais barato" para o consumidor porque, o governo ainda subvenciona grande parte de seus custos, de forma direta e indireta.

Em 1979, a cana tomou 63,94% das pastagens na região de Ribeirão Preto. As lavouras de arroz, feijão e milho perderam 32,23% e até a soja cedeu 3,83% de sua área para os canaviais. Hoje, o "avanço" da cana não é maior em São Paulo porque praticamente não há mais terras para "conquistar" – a cana já se expande pelo Mato Grosso do Sul, invadindo inclusive o Pantanal.

Deixando de lado os danos sociais decorrentes (menos alimento, migração de camponeses etc.), o agrônomo Daniel Fonseca Pinto afirma que

---

* Essa proporção varia pouco de usina para usina. Geralmente, 1 tonelada de cana produz 70 litros de álcool, 910 quilos de vinhoto e 260 quilos de bagaço. O vinhoto é um forte veneno, responsável pela morte de peixes e de plantas de rios onde ele é despejado, além de exalar um fétido e nauseante cheiro. Observem a "desproporção" contra o ambiente: 910 quilos de vinhoto contra 70 litros de álcool.

"todas as vezes que se substituem lavouras pequenas por culturas extensivas, provoca-se o rompimento do equilíbrio ecológico: entre outros efeitos, altera-se o sistema de polinização com o afastamento da fauna e propicia-se a manifestação de pragas e doenças".

Para facilitar o corte de cana procede-se a queimada, que destrói a microfauna e a microflora, provocando a mineralização do solo. Em Campos, no litoral do Rio de Janeiro, produziam-se 50 toneladas de cana por hectare; hoje, após sucessivas queimadas e os conhecidos métodos de "tratamento" da terra, a produção baixou para 37 toneladas por hectare.

Alia-se a isso o uso de máquinas pesadas, que provocam a compactação do solo e alteram sua estrutura física, reduzindo a porosidade e permeabilidade. A produtividade torna-se cada vez mais baixa. Uma das formas, talvez paliativa, de se amenizarem esses danos seria o plantio consorciado. Ou seja, junto à cana, cultivar feijão, arroz, abóbora, milho etc. Mas isso é impensável no modelo atual, que usa a terra para exportar álcool.

Cresceu a dependência de fertilizantes, pesticidas e herbicidas, que continuam o ciclo de agressão ao solo. As multinacionais pesquisam nos seus países-sedes os componentes dos agrotóxicos, em laboratórios alheios à natureza brasileira. Um produto multinacional é feito para obter lucros, nas consequências ambientais pensa-se depois. Refletindo-se antes sobre os possíveis efeitos, não se recomendaria a fabricação...

Embora se anuncie que os restos da industrialização da cana podem ser usados como adubo, a realidade é que a maior parte do vinhoto, por exemplo, acaba nos rios. O agrônomo Fonseca Pinto explica que o vinhoto, mesmo sendo rico em potássio, "não é suficiente para fertilizar culturas de cana. Além disso, o processo necessário para transformá-lo em fertilizante é muito caro".

É possível, porém, fabricar álcool produzindo menos vinhoto; ou, transformá-lo em gás natural. Mas ainda são projetos, porque a preocupação é faturar sobre o que dá lucro mais rapidamente: o álcool. No mais, as autoridades foram tolerantes e, por isso, a maioria dos rios das regiões canavieiras está morta.

O lucro da indústria do álcool no Brasil deve-se à exploração dos trabalhadores e, principalmente, ao privilégio de usufruir de um sistema

---

* A Índia vem diminuindo gradativamente sua área cultivada de cana-de-açúcar.

financeiro e comercial, que é, em última instância, avesso às próprias regras que o capitalismo criou. A produtividade da nossa indústria canavieira é das mais baixas do mundo. O economista Octávio Tostes afirma que "a produção brasileira de cana para açúcar e álcool só é grande porque as lavouras são ainda maiores. A produtividade desse sistema de latifúndios é de 4,03 t/ha ao ano, contra 5,40 t/ha da Índia[*]; 5,62 t/ha das Filipinas; 5,77 t/ha da Indonésia; 7,82 t/ha de Formosa e 10,62 t/ha da Austrália".

Surgem os oligopólios

Não fossem os privilégios conhecidos, as usinas não seriam tão rentáveis. Grande rentabilidade e associação de várias formas às multinacionais, criaram oligopólios que controlam e impõem técnicas de fabrico do álcool, sem se preocupar com a concorrência – elemento que, teoricamente, seria o estímulo do capitalismo. Assim, os grupos Dedini e Biagi podem controlar oligopolisticamente 80% do mercado de equipamentos para usinas de álcool no Brasil. Quando se sabe que, para a instalação de uma destilaria, 65% do investimento vai para os equipamentos, compreende-se o que isso representa. Tal poder começou com a apropriação da terra; depois veio a exploração do trabalho de milhões de homens; por fim, surgiram os financiamentos e garantias de mercado do Proálcool. Hoje contam com a retaguarda governamental. Não é de admirar que, após tantos privilégios socialmente delituosos, os lucros sejam medidos em dólares – e a poluição continue impune.

É um processo histórico e seus primórdios se ligam à produção brasileira de açúcar. Na base estão o latifúndio e as culturas extensivas, que sempre danificaram o ambiente e provocaram injustiças sociais. Isso fica claro analisando o Nordeste. Essa região possuía uma riquíssima floresta tropical, que foi destruída já nos tempos coloniais pela expansão latifundiária, na busca de maiores espaços para o plantio de cana-de-açúcar e, em menor escala, de pastos para o gado. Quem lucrou com essa política? E quem perdeu?

Lucraram os colonizadores portugueses. Depois deles, as ricas famílias, que continuam se alimentando da miséria do sertanejo. Mas a perda da floresta tropical nordestina afetou a todos os brasileiros. O desequilíbrio ecológico ali tem muito a ver com o processo de expansão latifundiário. Hoje, o Nordeste é uma região em colapso ecológico, onde se festeja a chuva como milagre.

Em 1823, José Bonifácio de Andrada e Silva preparou uma representação à Assembleia Geral Constituinte, mas não pôde entregá-la porque no dia 23 de novembro daquele ano foi preso e deportado. Entre outros assuntos, ele denunciava a agressão ao ambiente no Nordeste. Há quase duzentos anos já se falava sobre a maior parte de tudo o que estou escrevendo agora. Eis um trecho da denúncia de José Bonifácio:

> "... nossas preciosas matas vão desaparecendo, vítimas do fogo e do machado destruidor, da ignorância e do egoísmo; nossos montes e encostas vão-se escalvando diariamente e, com o andar do tempo, faltarão as chuvas fecundantes, que favoreçam a vegetação, e alimentem nossas fontes e rios, sem o que o nosso belo Brasil, em menos de dois séculos, ficará reduzido aos páramos e desertos áridos da Líbia. Virá então esse dia (dia terrível e fatal), em que a ultrajada natureza se ache vingada de tantos erros e crimes cometidos."

O que ele previu está acontecendo. Ele pagou caro: prisão e exílio. É o preço que muitos pagaram e certamente outros sofrerão por enfrentar os interesses da cupidez.

O processo iniciado há quatrocentos anos repete-se em todas as regiões canavieiras do Brasil, especialmente na mais rica delas, a de Ribeirão Preto. Quem se importa?

Rios mortos, sem peixes. Com o fedor característico emanado das usinas, que começa à tarde e atravessa a noite, neurotizando as pessoas. O veneno que impregna a terra infiltra-se no lençol freático e daí chega às torneiras. Campos sem árvores, sem aves, sem pequenos animais... A paisagem é tetricamente verde. Conseguiram fazer do verde uma monotonia denunciadora do desequilíbrio ecológico.

Tudo muito sabido. Mas quem *realmente* se importa?

6. Agente Laranja: do crime ao desastre

O USO DO AGENTE LARANJA, QUE OS ESTADOS UNIDOS DESPEJARAM NO VIETNÃ, FOI CONSIDERADO UM DOS MAIORES CRIMES DE GUERRA DO NOSSO TEMPO. NO ENTANTO, ELE FOI REPETIDO "LEGALMENTE" NA AMAZÔNIA BRASILEIRA, QUANDO TONELADAS DESSE DESFOLHANTE FORAM USADAS PARA "QUEIMAR" A FLORESTA E FACILITAR O DESMATAMENTO.

Depois do DDT não paramos

Todo veneno usado na terra vai para a água dos rios, chega ao mar e entra na cadeia alimentar. O DDT mata as algas que produzem oxigênio e, assim, afeta a fotossíntese. Como o mercúrio e outros compostos, ao penetrar na cadeia alimentar, o DDT envenena os peixes, os frutos da terra, as aves e outros animais. Se comermos tais vítimas, também seremos atingidos.

Além de cancerígeno, o DDT agride o fígado, que se defende mandando-o para os tecidos adiposos do corpo. As "gordurinhas" ficam intoxicadas. Às vezes, num processo de emagrecimento, ao se "queimar" gordura, provoca-se a mobilidade das substâncias tóxicas e elas danificam o sistema nervoso. O leite é sensível à contaminação; portanto, é possível que algumas mães "passem" DDT para seus filhos.

O DDT já foi proibido em alguns países, inclusive no Brasil, mas continua sendo usado: às vezes camufladamente, vendido de contrabando ou com outro nome e alguma modificação química. O mais grave é que o DDT permanece ativo por mais de dez anos depois de sua aplicação. Esse veneno começou a ser usado para exterminar insetos. Mas os insetos adquiriram resistência a ele e passaram a exigir doses maiores e venenos mais fortes.

A "mecânica" de uso do DDT é a mesma dos fertilizantes químicos: quanto mais adubo químico se jogar na lavoura, mais quantidade será necessária na próxima safra para manter o mesmo nível de produção. Isso significa: quando um veneno fracassa, a indústria que o fabrica lucra mais, colocando outro mais forte no mercado. Laura Conti, ecóloga e médica, compara o vendedor desses produtos ao traficante de drogas, que depois de cativar "um rapaz com a primeira dose de heroína, tem certeza de haver achado um cliente fiel até a morte".

Tais venenos exigem doses crescentes. Os lucros aumentam para os fabricantes e os custos multiplicam-se para o agricultor. O uso de fertilizantes aumentou 146% entre 1951 e 1956, mas o crescimento da produção agrícola mundial foi só de 34%. Nos Estados Unidos, a produtividade da terra atingiu seu teto e para mantê-la estável usa-se cada vez mais adubo.

Vejamos as consequências do uso de alguns produtos químicos que entram na parafernália agrotóxica lançada à terra. Em 1983, o Centro de Controle de Doenças dos Estados Unidos publicou a seguinte informação sobre alguns agrotóxicos:

Aldrin – provoca câncer, danos em fetos e distúrbios nervosos;
BHC – provoca câncer;
Clordane – provoca câncer;
Heptacloro – provoca câncer;
DDT – provoca câncer e distúrbios nervosos;
Parathion – provoca danos em fetos e distúrbios nervosos;
Paraquat – provoca câncer e males respiratórios;
Toxafeno – provoca câncer.

Todos esses produtos são ou foram vendidos no Brasil.

O biólogo francês Roger Dajoz ensina que "os inseticidas atuam como venenos cumulativos, do mesmo modo que o flúor, certos carbonetos e os elementos radioativos".

Nos Estados Unidos e na França, onde há mais de trinta anos se acompanha o efeito dos inseticidas na população, detectaram-se quantidades significativas de organoclorados (emanados de inseticidas que contêm cloro) em todas as pessoas (média de 925 miligramas nos Estados Unidos e 370 miligramas na França).

Como a saúde é afetada a médio ou longo prazo, menosprezam-se os avisos. E no Brasil é comum transformar a vítima em culpado. As autoridades são complacentes com os infratores e quem denuncia pode ser taxado de irresponsável ou alarmista. Quando se confirmam as suspeitas o mercado já absorveu o impacto e vendeu os produtos duvidosos. Então, as autoridades que se omitiram aparecem, anunciando providências "para o futuro" e, quase sempre, a criação de um grupo para "estudar" como isso será feito.

Em cena o Agente Laranja

O Agente Laranja foi o desfolhante usado pelos Estados Unidos na guerra contra o Vietnã (1962 a 1971), como veremos no último item deste capítulo.

Esse mesmo agente começou a ser aplicado nos seringais do Brasil em 1973, pela Goodyear e a Pirelli. Ele é composto por 50% de tetracloro-fenoxiacetato (2-4-5-T) e diclorofenoxiacetato (2-4-D) e algo mais, como a dioxina, o mais violento veneno utilizado no mundo contra as plantas. É uma droga teratogênica, isto é, altera o comportamento genético, degenerando a descendência.

Depois de jogarem o Agente Laranja nas matas do Vietnã, os norte--americanos tiveram de assumir a culpa pelo nascimento de crianças sem braços, sem pernas, cegas, deficientes mentais e outras mazelas. Já se sabia disso em 1973, quando esse desfolhante começou a ser usado na Amazônia e no Mato Grosso.

Em 18 de outubro de 1974, o governo nomeou uma comissão (formada pelos ministérios da Agricultura, Indústria e Comércio, Interior, Saúde e também da Cacex (Câmara de Comércio Exterior do Brasil) para resolver o problema em trinta dias... Noventa dias depois, no Vale do Jaíba, norte de

Minas, o Agente Laranja destruiu plantações de algodão e mamona, quando o vento desviou para essas lavouras o veneno que estava sendo pulverizado em áreas próximas. Em Cáceres, Mato Grosso, em 1976, novo desastre: 1.000 alqueires de algodão e arroz foram destruídos na região de Pontes e Lacerda pelo Agente Laranja, usado pelos latifundiários que desmatavam nas proximidades. Um dos posseiros prejudicados, Benedito Teodoro de Jesus, informou que começaram a aparecer doenças estranhas na região, "pois a chuva lava o veneno das folhas e contamina todas as águas".

Em 30 de julho de 1976, o professor Camilo Vianna, presidente da Sociedade de Preservação dos Recursos Naturais e Culturais da Amazônia, denunciou em Belém que o Agente Laranja estava sendo usado em larga escala, disfarçado sob o nome de Tordon 101. Empresas estrangeiras, que se valiam dos incentivos fiscais para se instalar na Amazônia, empregavam herbicidas e arbusticidas (*brush killers*) para o desmatamento. A sua denúncia era forte e clara:

> "Como excedente da Guerra do Vietnã, existem 100 milhões de litros em estoque do Agente Laranja, utilizado como desfolhante químico e que tem, inclusive, ação genética teratogênica. Por isso as empresas fabricantes resolveram empurrar esse produto para outros países disfarçado sob marcas comerciais como o Tordon 101."

Havia amplo conhecimento internacional sobre os males do uso desse produto. Acrescente-se que o Tordon 101 era fabricado pela Dow Chemical, que tinha como um dos seus diretores o general Golbery do Couto e Silva, homem forte e ideólogo da ditadura militar.

Depois de sete anos de uso indiscriminado do Agente Laranja, com a denúncia da índia Eleildes Iredian, o CSN (Conselho de Segurança Nacional), em setembro de 1980, constatou que a Fazenda Gran Reata mantinha e usava um grande estoque de desfolhantes.

A Polícia Federal, auxiliada por funcionários da Funai (Fundação Nacional do Índio) e do IBDF (Instituto Brasileiro de Desenvolvimento

Florestal), confirmou que o latifúndio usava o Agente Laranja, mas não responsabilizou os donos da Gran Reata pelos desastres ocorridos na região. Ali, animais ficaram cegos e índios apresentaram inflamação nos gânglios. Outra irregularidade nunca explicada: a Gran Reata ocupa 30 mil dos 439 mil hectares da reserva indígena do Cateté, no sul do Pará, que pertence aos índios xicrins, vítimas do Agente Laranja.

Além desses casos não serem os únicos naquela época, o uso desse produto continuou. Em dezembro de 1983, o Tordon 155 (mudou apenas o número, o veneno é o mesmo) estava sendo usado "na remoção da floresta para a passagem de uma linha de transmissão da Eletronorte, de Tucuruí para Belém. O Tordon 155, produto químico que contém dioxina ou Agente Laranja (...), foi aplicado por uma subempreiteira da Eletronorte, a Agromax, e teria sido responsável pela morte de dezenas de animais e de duas pessoas".

A informação é de uma equipe de médicos e agrônomos do Pará, que pediu a exumação dos corpos de Maria Terezinha Rodrigues da Rosa e de Maria Edilene da Silva, ambas de quinze anos, "que morreram pouco depois da aplicação do produto, com sintomas estranhos". A mesma equipe constatou que Maria do Socorro Freitas, de 23 anos, "teria abortado por intoxicação com o desfolhante".

O trabalho dos médicos e agrônomos comprovou que muitos lavradores perderam, além de suas roças, também galinhas, patos e gado que beberam "em cursos d'água contaminados". Com novas pesquisas a situação mostrou-se pior. Descobriu-se a morte de treze pessoas e de doze abortos. Um fazendeiro reclamava a morte de oitenta vacas. Os depoimentos dos sertanejos multiplicaram-se, como o de Epitácio Gomes da Silva, cuja filha de treze anos morreu em 1982. Ao longo da linha da Eletronorte estendeu-se uma trilha de mortes: pessoas e bichos.

Uma reportagem da revista *Veja* (14 de dezembro de 1983) constatou que os homens contratados para aplicar o veneno eram maltreinados e com pouca informação sobre o que faziam, a ponto de distribuírem as latas vazias do Agente Laranja para os lavradores, que as usavam para guardar comida – intoxicando-se aos poucos. Dores de cabeça e abortos eram constantes. A filha de Leonardo Nascimento perdeu a pele ao nascer. Sertanejos mantidos na mais ultrajante miséria, sem entenderem o que estava ocorrendo, acreditavam que a culpa era da natureza: a filha de José Maciel morreu após comer camapu, e ele atribuiu o mal que assolava a região à inocente fruta.

Agora, em cima dos caboclos

Depois desse desfolhamento "normal", os latifundiários e o governo passaram a despovoar com o Agente Laranja. O geógrafo Orlando Valverde declarou à *Veja*, em dezembro de 1983, ter provas de que o Agente Laranja foi jogado por aviões em larga escala sobre florestas do Acre, "para expulsar posseiros, seringueiros e índios que ocupavam a região". Valverde, que era professor-visitante de geografia agrária tropical nas Universidades de Heidelberg, na Alemanha, de Bordeaux, na França, e da Califórnia, nos Estados Unidos, disse que os posseiros "bombardeados" fugiram para as cidades maiores do Acre e para a Bolívia.

Alguns pesquisadores suspeitam que o Agente Laranja era aplicado na Amazônia desde 1965. Oficialmente, porém, só em janeiro de 1984 se reconheceu que sob o nome de Tordon 155 ele continuava em uso, sendo responsável, até então, pela morte de cinquenta pessoas, cinco mil animais e por um número incalculável de abortos apenas no espaço de 200 quilômetros ao longo das linhas da Eletronorte. Quase trinta anos depois, muitos igarapés continuavam poluídos e grandes trechos das matas vizinhas não se recompuseram. Contam-se casos dramáticos: encontro de ossadas, cachorros que apareceram abocanhando pedaços de pessoas etc.

Uma das regiões mais atingidas, a de Tailândia, no Maranhão, reuniu uma comissão de técnicos formada por engenheiros, antropólogos, agrônomos, veterinários e outros cidadãos, que elaboraram a "Carta de Tailândia". Nesse documento afirma-se que o IRI Inc., órgão do Centro de Pesquisa do Grupo Rockefeller, de Nova Iorque, introdutor do Agente Laranja no Brasil, "recomendava e pressionava os governos sul-americanos para que adquirissem os estoques restantes do produto", remanescentes da Guerra do Vietnã.

A Dow Chemical comercializou o Agente Laranja, com o já conhecido nome de Tordon 155BR. Foi fácil aplicar o desfolhante, pois a lei favoreceu a ação das multinacionais. A Portaria 326, de 10 de agosto de 1974, apenas obriga, a quem usa herbicidas, a "avisar as populações que possam ser afetadas", o que nunca aconteceu na região onde se lançou o Agente Laranja, no sul do Pará. É o histórico clássico da subserviência: o Brasil aceitou importar o excedente de produtos, que só poderiam ser usados criminosamente, e elaborou leis para legalizar sua comercialização e uso.

Em reportagem para *O Globo* (13 de fevereiro de 1984), os repórteres Paulo César Pereira e Paulo Moreira escreveram como a Tailândia foi afetada pelo Agente Laranja:

> "... a vegetação está deformada (mamoeiros deram nó, frutas diversas não têm sabor, animais morreram e a caça rareou), plantas apresentam alterações morfológicas. É possível até hoje observar-se o efeito do herbicida: anormalidades no crescimento de folhas, ramos, caules. As folhas da embaúba continuam nascendo torcidas. Há caso de mamoeiros que tiveram as folhas queimadas e 'empedraram'. Em diversas fazendas existem mandiocais perdidos e abacateiros secos. A jurubeba e a cajuçara também apresentam até hoje resíduos do 'Agente Laranja', que chegou a elas através do ar."

Alguns depoimentos aos repórteres chegam a ser poeticamente trágicos, como o do lavrador José Ferreira Pinheiro:

> "Foi aqui que eles começaram a criar problemas. Os homens de máscara e macacão ficaram catorze dias na minha casa preparando veneno no meu barracão. Eles falavam que o líquido só matava as folhas largas e que dentro de setenta dias todo mundo poderia plantar de novo, mas nós ficamos com o terreiro limpo de uma hora para outra. O pouquinho de peru que nós tínhamos morreu tudo, as rolinhas morreram todas, os passarinhos que vinham aqui davam aquele voozinho, arrepiavam a pena, faziam aquela zoadinha e na hora em que caíam já estavam mortos."

Mas existem testemunhos nada poéticos, como o da viúva de Castorino de Oliveira, que aos 43 anos "começou a tossir, a babar feito cachorro. Depois, morreu debaixo da ponte".

A Eletronorte contratou a Agromax para aplicar o Agente Laranja de seis em seis meses por 18 milhões de dólares. A área de aplicação ampliou-se. Outros produtos também vieram, como o Pó-da-china – apelido do pentaclorofenol. O uso do Pó-da-china na região do baixo Tocantins foi aplicado pelo próprio governo, que, para despovoar áreas onde se construiria o lago de Tucuruí, fez uma aplicação "acidental", facilitando o projeto. O então secretário da Agricultura do Pará, João Batista Bastos, em *O Estado de S. Paulo* (3 de abril de 1984), concluiu que o uso do pentaclorofenol não foi acidental:

> "... fazia parte de uma estratégia desenvolvida pela Capemi para a região. Parece-nos cada vez mais claro que a utilização desse desfolhante visava principalmente eliminar a fonte de renda dos habitantes da região – a castanheira – para que eles abandonassem a área espontaneamente, sem a necessidade do ônus de desapropriação".

Como foi nos Estados Unidos

O Agente Laranja não ataca apenas países subdesenvolvidos como o Brasil, Peru, Equador, Venezuela, Colômbia, Guianas... Os Estados Unidos também usaram processos de desfolhamento em seu próprio território. Durante a guerra contra o Vietnã, milhares de jovens norte-americanos fugiam do serviço militar, escapando a pé para o Canadá. Para dificultar as fugas, o governo desfolhou uma faixa de terra ao longo da fronteira, provocando os danos conhecidos, evidentemente com menor gravidade do que na Amazônia.

O grande aplicador de desfolhante no Vietnã foi o almirante Elmo Zumwalt. Os aviões sob seu comando despejaram milhares de toneladas de Agente Laranja sobre as florestas vietnamitas. Com a mata desfolhada ficava mais fácil matar os vietcongues (o que não impediu que os Estados Unidos perdessem a guerra). Entre os soldados que avançavam em meio à névoa do Agente Laranja estava um filho do almirante, Elmo Jr., comandante de lanchas de patrulha. Ele voltou da guerra como herói, mas alguns anos depois teve câncer. Antes da doença Elmo Jr. casou-se e teve um filho, de nome Russel. O menino nasceu deformado, com deficiência mental. O neto do almirante foi vítima da ação teratogênica da dioxina contida no desfolhante. Milhares de soldados que tiveram "cobertura" do Agente Laranja no Vietnã sofreram infortúnios parecidos. O almirante e seu filho escreveram um livro contando a tragédia.

Evidentemente, os norte-americanos não são as maiores vítimas. As grandes vítimas estão no Vietnã, que teve 15% de sua área devastada pelo veneno. Em dez anos, de 1962 ao final de 1971, os Estados Unidos despejaram 45 milhões de litros de Agente Laranja sobre as florestas vietnamitas, o maior crime de guerra química já praticado no mundo. Foram devastados 24 mil quilômetros quadrados de matas e plantações. A partir de 1969 começaram a nascer crianças deformadas no Vietnã: descrever as deformações desses bebês seria doloroso, mas a realidade é bem mais estúpida.

Em 7 de maio de 1984, nos Estados Unidos, soldados norte-americanos, neozelandeses e canadenses deram início a um processo pedindo indenização pelas doenças causadas pelo uso do Agente Laranja. As sete indústrias químicas que forneceram o desfolhante, consideradas responsáveis, usaram de todo seu poderio econômico para bloquear o julgamento. Finalmente, o juiz Jack Weinstein decidiu que todos os casos seriam julgados em conjunto, analisando uma "amostra" dos nove casos mais característicos.

Um dos casos que serviu para julgamento é o do soldado Michael Ryan; ele exigiu uma indenização de 20 milhões de dólares, "pois sua filha, em consequência da dioxina, nasceu sem ânus, com duas vaginas e as mãos paralíticas". Outro caso, é o de Dan Jordan, que aos 37 anos apresentou danos no sistema nervoso "e seus dois filhos nasceram com lesões provocadas por deformações genéticas". Os réus são conhecidos dos brasileiros: Dow Chemical, Monsanto, Diamond Sharmrock, T. H. Agriculture & Nutrition, Thomson Chemical, Hercules e a Uniroyal.

As empresas seriam condenadas principalmente por omitirem informações sobre o risco que corriam os soldados que "trabalhavam" em meio ao Agente Laranja. Para evitar o desfecho vergonhoso para a grande potência da democracia ocidental, pois revelaria os conchavos entre os grandes conglomerados e o governo norte-americano, as sete empresas anteciparam-se e fizeram um acordo extrajudicial com cerca de vinte mil dos soldados vitimados pelo veneno que as estavam processando. As empresas concordaram em criar um fundo de 180 milhões de dólares (que aumenta progressivamente com os juros) para indenizar os ex-combatentes afetados.

E no Brasil?

Aqui, em 1984, o advogado José Carlos Castro patrocinou uma ação pedindo indenização de 2 bilhões de cruzeiros (na época, menos de um décimo do que pedia Michael Ryan). Deu em nada... Temos uma justiça adaptada a um mecanismo legal que favorece os poderosos: veja-se a já citada Portaria 326, páginas atrás, no item anterior.

7. A política atômica num caminho sem volta

ESTAMOS TODOS EXPOSTOS AOS RISCOS DA CONTAMINAÇÃO ATÔMICA:
NÃO É PRECISO A EXPLOSÃO DE BOMBAS — UM "PEQUENO ACIDENTE" NAS
USINAS NUCLEARES (COMO O DE CHERNOBYL) JÁ PROVOCA TRAGÉDIAS
HUMANAS IRREPARÁVEIS. OS ESTADOS UNIDOS E A RÚSSIA NÃO
INFORMAM QUANTO LIXO ATÔMICO GUARDAM NO SEU QUINTAL...

Banalização do perigo atômico

É tão ilusório acreditar que é possível regenerar a Terra, mantendo o sistema econômico atual, como crer que o planeta resistirá se não ocorrer uma mudança significativa no tratamento que ele recebe.

As utopias que afirmam ser a humanidade uma só, o homem igual em toda parte e que, portanto, merece o mesmo respeito, nunca foram acatadas. Nem poderiam, uma vez que se alienam em sonhos que ignoram o processo histórico, as forças políticas, a exploração econômica e os fatos concretos que conformam a sociedade.

Porém, pela primeira vez, de forma irônica, é a "maldade do mundo" que demonstra ser o mundo, realmente, um só. Enfim, somos todos iguais: o índio quíchua das montanhas andinas, o negro africano de Angola, o caboclo brasileiro, o cidadão londrino ou o bostoniano dos Estados Unidos. Finalmente, somos iguais perante a poluição atômica.

A biosfera está "aureolada" com substâncias radioativas, que ficarão durante anos "flutuando" e, naturalmente, contaminando-nos. O processo resulta das experiências atômicas e também do trabalho das usinas nucleares. Ou seja, não é preciso detonar bombas atômicas para que a radioatividade contamine a biosfera. Basta que as usinas funcionem para que acidentes ocorram, como aconteceu no Japão, em 2011. Mas ainda não estamos caindo mortos pelas ruas, portanto, poucos se incomodam.

Para o fato de a maioria não se preocupar com a radioatividade que nos ameaça, contribui a banalização que se faz das armas. Frequentemente, a televisão mostra mísseis acomodados simetricamente sobre caminhões e tanques ou deixando um rastro de fogo no céu em direção aos seus alvos, mas não aparecem as vítimas rasgadas e incendiadas no local onde eles caem. Assim, transformam o perigo concreto em algo banal e distante. Aprendemos a conviver passivamente com a ameaça.

Para nos precavermos contra essa banalização, é necessária uma consciência crítica. Quando não existe essa consciência, as pessoas primeiro se assustam, depois se mostram indignadas e, por não entenderem os conteúdos que determinam a forma da paranoia militarista, acabam se acostumando. Ou rebelam-se em reação utópica e usam o pacifismo não como política de contraposição efetiva ao processo, mas como compensação particular, que se projeta em utopias desvinculadas da realidade, facilmente cooptadas e desgastadas pelo sistema.

Os exemplos são claros: o "susto" atômico gera protestos válidos, como o filme *Síndrome da China* (1980), com o qual, aliás, a indústria cultural faturou bem, sem mudar coisa alguma. Quando, em 1979, a usina de Three Miles Island, nos Estados Unidos, "derreteu", os movimentos pacifistas, geralmente formados por jovens, saíram às ruas, protestando vigorosamente. Hoje, aqueles jovens são senhores bem-postos na vida, lembrando-se romanticamente de seu "idealismo" ao enfrentarem a polícia. Assim, com um "passado de lutas", "absolvem-se" no presente.

O desastre nuclear de Chernobyl, em 1986, não apenas ameaçou, mas de fato atingiu quase metade da Europa – e toda a antiga região soviética. Os protestos também foram veementes, mas a "delicadeza" da situação internacional, na época com o mundo dividido entre as duas potências, esfriou o movimento. Em 2011 houve grande risco de vazamento atômico em

Fukushima, no Japão, depois de um tsunami e um terremoto, que poderiam afetar a usina nuclear. Houve medo e indignação em todo o mundo.

Em todos esses casos a indignação pouco adiantou, pois carecia de uma consciência crítica efetiva. No Brail, aliás, essa falta de consciência crítica transforma frequentemente a desgraça em piada: no tempo da ditadura militar, os históricos erros da usina nuclear de Angra, com seus vazamentos, serviram, num primeiro estágio, para indignação de quase toda a chamada "sociedade civil", alertada pelos cientistas. Posteriormente, se tornaram tema de piadas para desmoralizar os militares.

Em Goiânia, capital de Goiás, uma área da cidade foi contaminada por uma cápsula de césio-137, retirada de um aparelho de radioterapia por dois sucateiros, em setembro de 1987. Eles abriram a pastilha, encantaram-se porque o pozinho esverdeado brilhava, chamaram vizinhos e amigos para ver e até que se percebesse o perigo, quatro pessoas morreram, 129 foram contaminadas e mais de 112 mil ameaçadas. O césio foi recolhido e está depositado em uma pequena cidade perto de Goiânia, onde deverá ficar por dois séculos antes de se desativar. Mas a história não parou aí: em 2001 confirmaram-se os primeiros casos de câncer causados pelo césio-137, e em 2002 apareceram mais cem. Em 2005 os contaminados já passam de 600 e acredita-se que esse número possa aumentar nos próximos anos. Talvez as autoridades nunca informem quantos morreram, além dos quatro mortos iniciais, vítimas da contaminação direta.

O fato demonstra como tais "acidentes" são possíveis e, principalmente, a impotência das autoridades em preveni-los e "administrá-los". Com o tempo, enterram-se as vítimas e a tragédia cai no esquecimento. Até que se repita...

É quase com indiferença que somos informados já ser possível produzir a "bomba limpa", que mata as pessoas, mas deixa intactas as cidades para sua posterior ocupação pelos vencedores.

Essa falta de consciência crítica, que permite uma passividade suicida diante de tais problemas, não é fruto do acaso. Sistemas de poder forjam seus mitos de segurança, de patriotismo e a ideologia daí decorrente, conseguindo uma concordância passiva para suas ações imperiais – tal passividade é apresentada como se fosse apoio popular, para justificar a barbárie.

Só denúncia não basta

Antes do primeiro teste da bomba atômica, no deserto de Nevada, em 1945, sabia-se das consequências de uma explosão nuclear. Mas as populações vizinhas, que foram assistir ao espetáculo das "bolas de fogo", não foram avisadas. O governo norte-americano só admitiu o perigo doze anos depois, quando começaram a ocorrer as mortes causadas pelo câncer.

Esse primeiro teste foi com uma "pequena bomba". Meses depois duas outras "pequenas bombas" foram jogadas sobre os japoneses, em Hiroshima e Nagasaki. A realidade do fogo, das pessoas descarnadas, dos descendentes deformados e do câncer generalizado viraram imagens dramáticas de filmes. Os protestos foram vários e vãos.

Vinte anos depois, os cidadãos de todo o mundo e dos Estados Unidos em particular viram pela tevê acontecer tudo de novo no Vietnã – com o napalm substituindo a bomba atômica. Mais recentemente, na guerra do Golfo e na invasão do Iraque, os Estados Unidos usaram mísseis com urânio empobrecido[*] (*depleted uranium*). Ao explodir, o míssil com urânio empobrecido libera produtos tóxicos e radioativos. Depois de matar os que estão no alvo, a radiação permanece e provoca câncer e alterações genéticas em quem entra em contato com seus detritos ou "poeira".

Segundo os registros dos almoxarifados militares dos EUA, no Kuait e no Iraque foram despejadas quarenta toneladas de projéteis de 30 mm, compostos de urânio empobrecido. Depois da guerra ficaram na região cerca de 300 toneladas de urânio empobrecido, em forma de poeira, de acordo com um estudo do Greenpace. Essa poeira, como descobriu o doutor Siegwart Horst-Hunter, presidente da International Yellow Cross, é responsável pelo aumento dos casos de câncer e deformações teratológicas.

A situação ficou mais grave porque a poeira que ficava no chão ou suspensa no ar infiltrou-se no solo com as chuvas, contaminando também os alimentos e aumentando o que o doutor Siegwart chamou de "epidemia

---

[*] O urânio precisa ser "enriquecido" para ser utilizado nos reatores nucleares. O processo de enriquecimento produz uma "sobra", chamada urânio empobrecido. Essa "sobra" é um material levíssimo, excelente para a fabricação de projéteis capazes de perfurar objetos protegidos por camadas de aço – como tanques de guerra e fortalezas.

de câncer". Mais: carros de combate, aviões abatidos e armas abandonadas pelos norte-americanos estavam contaminados. Crianças brincaram com esse material e levaram pedaços para casa, contaminando também seus familiares.

Depois da Guerra do Golfo e da ocupação do Iraque, têm nascido naquela região centenas de crianças sem cérebro, sem olhos, com deformidades provocadas pela contaminação radioativa. Os casos degenerativos começaram a aparecer a partir de 1996 (cinco anos depois da guerra) e foram denunciados em 1998. Os casos de câncer infantil aumentaram. Essas doenças poderiam ser amenizadas e curadas, se houvesse um atendimento adequado. Devido às sanções econômicas impostas ao Iraque, os EUA dificultaram ou impediram a entrada de remédios e de material de descontaminação das áreas poluídas. O Sanctions Committee dos EUA negou ao Iraque a permissão de importar material de limpeza necessário para a descontaminação.

Além de impedir que o Iraque importasse o material de limpeza, o Sanctions Committee também dificultou a importação de medicamentos contra o câncer, pois os EUA não admitem a responsabilidade pela doença. Médicos da ONU e voluntários, jornalistas ingleses e militantes pela paz têm fotografado essas crianças e testemunhado o crime, sem conseguir publicar suas denúncias na grande imprensa.

Apesar dos testemunhos e evidências – e contrariando seus próprios documentos oficiais – a Inglaterra e os Estados Unidos negam que seus equipamentos militares contenham urânio e que existam crianças contaminadas no Iraque e no Kuait. Mas os médicos da ONU encontraram no sul do Iraque um aumento de sete a dez vezes mais de câncer infantil do que o normal, e as deformidades dos nascituros aumentou seis vezes. Embora seus funcionários registrem esses fatos, a ONU silencia sobre o assunto.

Se a Guerra do Golfo, que foi bem menos violenta do que a segunda invasão do Iraque, deixou tal rastro, o que poderá acontecer agora com as crianças iraquianas, quando os bombardeios foram mais pesados e os equipamentos mais mortíferos?

Nos últimos cem anos vários protestos ocorreram contra a belicosidade do Estado. Mas nada mudou, pelo contrário, as ameaças das grandes potências – os Estados Unidos são o império da hora – aumentaram.

É fácil perceber por quê: as pessoas *sabem*, talvez *sintam*, mas não têm consciência do que acontece, pois não entendem *como* e *para que* funciona o processo. Se o mundo agora é um só, também é uma só, e mesma, a essência da alienação política.

A contaminação radiativa, obviamente, não é produzida apenas por explosões de artefatos nucleares. Submarinos atômicos deixam uma esteira radioativa nos oceanos; usinas energéticas e fábricas que trabalham com materiais nucleares contaminam o ambiente. Não basta saber que essa contaminação em nada beneficia o homem: é preciso aprender por que isso acontece. Só assim teremos meios políticos para modificar as estruturas de dominação, negando e destruindo sistemas opressivos, sejam eles baseados na busca do lucro ou na expansão ideológica.

Como fizeram da Terra uma bomba

Nos Estados Unidos, cerca de 500 milhões de litros de restos radioativos estão armazenados em tanques especiais, segundo admite o governo, mas é provável que esse número seja maior. Apenas 1% desse lixo atômico é mais poderoso do que as emissões liberadas pelas bombas atômicas detonadas até hoje. O lixo atômico acumulado pela ex-União Soviética está em condições precárias e não se tem certeza da sua quantidade nem de onde ele está.

Pode-se avaliar o tamanho do perigo quando se sabe que esse material é constantemente manipulado para não explodir. Ele forma sedimentos, gera gases e vaza. Por isso tem de ser resfriado permanentemente. Não se tem certeza da resistência dos tanques que o acondicionam, que por segurança são trocados a cada vinte anos. Nessa constante manipulação é possível acontecer um erro, contaminando o planeta, ou, numa hipótese catastrófica – porém não inviável –, uma explosão de consequências imprevisíveis.

Para saber o que significa um acidente, vejamos o que nos ensinam os cientistas: se 3 galões (em torno de 13,5 litros) forem colocados abertos em pontos equidistantes da Terra, contaminarão toda a população do planeta.

Dos milhões de litros, bastam apenas cerca de *40* para nos presentear com um câncer e mutações genéticas imprevisíveis. Sabemos que a radioatividade se espalha por todo o mundo, comprometendo a água dos icebergs no Polo Norte e os liquens da região ártica, que absorvem 100% da precipitação radioativa que cai sobre eles. E é preciso lembrar que a produção atômica – e o lixo consequente –, não cessa, aumentando a necessidade de mais tanques e depósitos, gerando assim novos riscos.

Essa política foi consolidada na Guerra Fria, quando os ideólogos dos Estados Unidos e da ex-União Soviética afirmavam que o armamentismo era uma medida de segurança, que dissuadia o confronto bélico, porque cada lado dispunha de um poder incalculável de destruição. Com o fim da União Soviética, o armamentismo não acabou, pelo contrário, aumentou. Porque não se trata de "paranoia", mas de um meio de lucrar e manter o poderio econômico: a produção de energia e de artefatos bélicos de destruição em massa é a maior fonte de lucro nos Estados Unidos, e revela a impossibilidade de mudar a mecânica capitalista em administrar seu caos. E para que o caos não trave o sistema, é preciso da ameaça de guerra. A guerra é a poluição extrema.

É bom lembrar que o lixo atômico não nasceu nos tanques. Foi colocado lá. Teve, portanto, de ser transportado. Um exemplo de tal perigo é manifestado pelo doutor Irving Lyon, do Bermington College, de Vermont, ao denunciar que um reator a ser construído em seu estado produziria resíduos que permaneceriam com seu teor radioativo por… mil anos! Ele concluiu que "se a quinta parte desse líquido vazar para dentro dos mananciais de água potável, isso causará a morte de quinhentas mil a um milhão de pessoas."

Como se vê, já não precisamos de uma guerra atômica para o extermínio em massa: a paz mesmo serve… E, como sempre, ao contrário da visão corrente, a maior vítima potencial é o povo dos Estados Unidos.

Mortos antes de nascer

Um físico da Faculdade de Medicina da Universidade de Pittsburgh, doutor Ernest Sternglass, afirma que a mortalidade infantil e fetal tem relação direta com os testes nucleares. Para ele, cerca de quinhentas mil crianças teriam morrido "indiretamente" nos períodos posteriores às experiências. A Comissão de Energia Nuclear contesta a pesquisa do doutor Sternglass. Mesmo admitindo-se que ele esteja enganado, que as explosões nucleares não matam crianças etc., não se pode negar que o povo norte-americano é o mais atingido por radiações atômicas em todo o mundo; muito mais que os japoneses, sobre quem eles lançaram duas bombas.

Qualquer animal vivo hoje na Terra tem traços de estrôncio 90 nos ossos. Porém, as crianças norte-americanas têm maior quantidade dessa contaminação atômica do que qualquer outro povo do mundo.

Quem mais produz "riquezas" mais sofre a poluição – o que é cada vez mais evidente. Mas, como o estrôncio 90 produzido pelos processos de industrialização nuclear "passa" para o organismo humano? Entre outros caminhos, um é que as crianças norte-americanas, vivendo numa sociedade rica, bebem mais leite. E quando uma vaca come ração de um campo que foi atingido pelo estrôncio 90, ela se utiliza de sua capacidade emunctória, desintoxicando-se em parte pelo leite. Quimicamente, o estrôncio 90 tem alguma semelhança com o cálcio e deposita-se nos ossos de quem o ingere, especialmente nos dos "animais em desenvolvimento": crianças. O que vai acontecer com tais crianças? Os cientistas ainda não sabem; mas desconfiam...

Pode-se acrescentar que as usinas nucleares deixam "escapar" naturalmente alguns gases radioativos, como o xenônio e o criptônio. Esses dois são bem conhecidos: causam câncer pulmonar e, "benignamente", doenças respiratórias não infecciosas.

Porém, manipular os dados, quando se trata de assunto específico e se dirige aos leigos, não é difícil para quem está interessado em manter as coisas obscuras. Dessa forma, a Comissão de Energia Nuclear, com dubiedade e ignorando os níveis de poluição de cada agente, minimiza as denúncias de vários cientistas. É difícil contestar o poder estabelecido, que tem todos os meios de comunicação a seu dispor. Por isso, a explicação do doutor Sternglass ficou esquecida e só é objeto de preocupação de seus colegas e de pessoas preocupadas seriamente com o homem:

"O homem vem subestimando, continuamente, a sensibilidade biológica do organismo humano aos efeitos sutis das radiações. É possível que os reatores nucleares sejam menos poluentes que qualquer outra fonte de energia de que dispomos, mas também é possível que sejam *muito mais mortíferos* do que jamais chegamos a imaginar".

Historicamente, as coisas pouco mudaram: os homens só se preocupam com a tragédia quando começam a cair mortos nas ruas. E inventam outras causas para encobrir a irresponsabilidade dos sistemas sociais. Na Idade Média, dizia-se que os judeus eram culpados pelas pestes. Nas calamidades modernas, as opiniões pouco mudaram (leia-se *A peste*, de Albert Camus). Hitler disse que o drama da Alemanha era obra dos judeus: matou-os e provocou a guerra que conhecemos. Atualmente, a ameaça atômica é minimizada, banalizada e, como sempre, "os culpados são os outros". Com o fim da União Soviética os Estados Unidos usam o terrorismo para justificar suas guerras. Com guerra, é preciso armar-se...

O conhecimento teórico desenvolvido sobre os mecanismos da economia, da política, da história demonstra que é preciso adquirir, com essa visão teórica, aguçada pela prática que vivemos, uma consciência crítica sobre a sociedade.

Nossas Angras: trágica piada

Depois disso pode parecer inócuo tratar da política nuclear brasileira. *Grosso modo*, ela é um equívoco de militares envolvidos por empresas multinacionais, que lhes venderam seu pior lixo. Cientistas brasileiros já ridicularizaram nossas usinas e os fiascos de Angra I renderam piadas de humor negro.

Angra I jamais deveria ser comprada. O programa nuclear no Brasil e o nosso relacionamento com a antiga Alemanha Federal passaram por certos condicionantes geopolíticos internacionais que, infelizmente, não podemos abordar aqui por falta de espaço. Porém, é bom saber que tudo começou com uma fraude, que descoberta, foi "assimilada" pelo governo militar.

A Westinghouse, responsável pelo reator, sabia que nos vendia algo que não iria funcionar. O equipamento já havia apresentado problemas em usinas similares na Suécia, Espanha, Estados Unidos e Iugoslávia. Isso foi denunciado pelos jornais, em março de 1982. O *Jornal da Tarde*, por exemplo, publicou que o preaquecedor "não aguenta a turbulência provocada pelas águas que entram no gerador de vapor a grande velocidade e alta temperatura. Por isso, em Ringhals e Almaraz – reatores idênticos ao de Angra I –, a turbulência provocou rachaduras nas placas dos tubos do sistema de geração de vapor. E, quanto maior a potência de operação do reator, maior o perigo, pois aumenta a turbulência e cresce a vibração, que acaba por romper as placas".

Qualquer ferramenteiro diria que projetaram uma "batedeira". No entanto, o então diretor de Furnas, Sérgio Motta, numa declaração que seria cômica se não fosse de trágica irresponsabilidade, afirmou (*Jornal da Tarde*, 10 de março de 1982) não haver perigo em Angra I funcionar, porque "o problema da ressonância e vibração ocorre somente a partir de determinado nível de potência do reator, ou seja, só acima de 30%".

E lá fomos nós, com energia nuclear a 30%. A própria Agência Internacional de Energia Atômica, segundo disseram os responsáveis brasileiros, autorizou o funcionamento do reator, desde que não ultrapassasse 30% de sua capacidade, pois acima disso tremeria.

Não foi preciso um mês para acontecer o óbvio: Angra I vazou, fato confirmado oficialmente no dia 1º de abril. E vazou duas vezes. Por quê? Já se sabia, e *O Estado de S. Paulo* (2 de abril de 1982) informou que "os tubos do preaquecedor do gerador de vapor foram feitos com material que não resiste à turbulência da água do circuito primário...". As autoridades, como de costume, informaram que o fato não tinha importância e o dano já fora sanado; apenas que Angra I iria funcionar por uns tempos com 5% de sua capacidade.

Os militares não desanimaram. A Westinghouse não foi punida e ainda se projetaram mais duas usinas: Angra II e III. Os brasileiros estão acostumados com escândalos financeiros e não vou entediá-los relacionando o dinheiro enterrado nessas usinas. Em 1985, as inacabadas Angra II e III já haviam sugado nada menos que 4,3 bilhões de dólares de um projeto que previa um investimento total de 36 bilhões. Os militares planejavam construir mais oito usinas nucleares com os alemães até 1990 e nada menos que 35 até o ano 2000.

Em outubro de 1986, Angra I voltou a vazar. Segundo uma reportagem da revista *Veja* (15 de outubro de 1986), "é quase impossível encontrar um setor de peças nela [Angra] que não tenha entrado em pane". Não é, portanto, sem propósito o comentário irônico do físico José Goldemberg, então reitor da Universidade de São Paulo, sobre Angra I: "Parece um carro velho que custa a pegar e, quando começa a andar, fura o pneu".

A reportagem de *Veja* destaca, ainda, que foram exatamente por tais problemas que as usinas de Three Miles Island, nos Estados Unidos, e de Chernobyl, na União Soviética – que por sinal não eram "carros velhos" –, chegaram a seus vazamentos desastrosos.

Um dos episódios mais estranhos do programa nuclear brasileiro foi o anúncio pelo EMFA (Estado Maior das Forças Armadas), em agosto de 1986, de que se realizavam obras para "ensaios de materiais e equipamentos" na Serra do Cachimbo, ao sul do Pará. Porém, garantiam, não havia nenhuma programação para experimentar uma bomba atômica – conforme justa ou injustamente se suspeitava.

O físico nuclear Luiz Pinguelli afirmou à *Folha de S.Paulo*, em 9 de agosto de 1986, que o buraco construído na Serra do Cachimbo tinha as características de idênticas construções usadas pelos Estados Unidos para testes atômicos subterrâneos, mas não serviria para enterrar resíduos nucleares, pois o lixo de Angra não caberia lá. Com o tempo o buraco foi esquecido...

A crise econômica do país deixou o programa nuclear mais ou menos paralisado, mas nunca se sabe. No governo do ex-presidente Lula e logo no início do governo de Dilma Rousseff, voltou-se a falar em pôr as usinas em ação. Não é preciso lembrar que isso exigiria grandes investimentos, sem garantia de resultados positivos. Pior: sem que a sociedade civil tenha informações adequadas sobre os riscos.

Espero não ser considerado "impatriótico" ao dar mais atenção aos Estados Unidos do que ao Brasil: é que lá está a realidade maior de um sistema de desumanização do homem, que se reflete aqui, como num espelho grotesco, deformado. O que não elimina a dramaticidade de nossa dependência.

8. A indústria da guerra é a maior do mundo

A GUERRA É O MAIOR NEGÓCIO DO MUNDO E O QUE MAIS POLUI.
A MANIPULAÇÃO IDEOLÓGICA ESTIMULA O "PATRIOTISMO",
QUE LEVA À ECONOMIA ARMAMENTISTA MESMO EM TEMPOS DE PAZ.
METADE DOS CIENTISTAS DO MUNDO TRABALHA NA INDÚSTRIA
BÉLICA, QUE OCUPA 70 MILHÕES DE PESSOAS.

O controle ideológico

Com a globalização anunciou-se o fim das ideologias. Mas o método da dominação ideológica que nos submete hoje é o mesmo que foi usado nos Estados Unidos para justificar a guerra contra o Vietnã há quase meio século. Antes da guerra, a imprensa criou condições para que o povo apoiasse a intervenção dos Estados Unidos naquele país; durante o conflito condicionou a opinião pública a aceitar a guerra química. E, na derrota, ao ser preciso uma justificativa para a retirada, possibilitou a ascensão da oposição, que se entrincheirava na imprensa periférica, para fazer a recuperação moral da nação.

No começo da guerra química, o *Industrial Research* promoveu uma pesquisa entre os norte-americanos, após noticiários maciços contra o "perigo comunista". O resultado deu força para que se usasse o Agente Laranja no Vietnã, com o aval da maioria do povo: 65% das pessoas achavam que os Estados Unidos tinham justificativa moral para usar o Agente Laranja nas matas e lavouras vietnamitas; 81% apoiavam o desfolhamento nas áreas de combate; 79% acreditavam que poderiam usar armas químicas não letais. E, quando perguntados se os Estados Unidos deveriam pronunciar-se oficialmente contra o uso de armas químicas, 67% responderam que não. Outra pergunta importante: deveriam os Estados Unidos desenvolver armas químicas e biológicas, mesmo que não tivessem a intenção de usá-las? A resposta de 89% dos norte-americanos foi sim.

A manobra é evidente: primeiro, satura-se a opinião pública com informações que induzem ao apoio da política oficial. Em seguida, uma pesquisa reflete esse apoio, liberando o Estado para aplicá-la. A minoria contestadora é colocada "de reserva": se a política oficial der certo, ela é ignorada; se der errado, ela será chamada para criticar os métodos errados – nas não o erro –, possibilitando a regeneração moral. O *mea culpa* democrático absolve o conteúdo de uma estrutura opressiva; os "falcões" perdem a voz; falam os "pombos". Manipulada pela "liberdade de imprensa", a opinião pública dos Estados Unidos "recicla-se" patrioticamente e assimila as explicações para as guerras e a morte dos jovens em batalhas.

Para invadir o Iraque o governo norte-americano primeiro satanizou Saddam Hussein, depois informou que o Iraque tinha armas químicas e estava por trás do terrorismo. Como na "campanha" do Vietnã deu certo... e hoje se sabe que era tudo mentira – a "verdade" de hoje foi revelada pela mesma imprensa que divulgou a "mentira" de ontem.

Alia-se à dominação ideológica a cooptação das "melhores cabeças" para a pesquisa bélica, que consideram mais importante ser leal ao Estado do que ser solidário à humanidade. Por exemplo, a FDA (Food and Drug Administration), que controla a qualidade de alimentos e drogas nos Estados Unidos, conhecia os riscos da aplicação da dioxina antes de seu uso. Porém, o governo considerou as pesquisas sobre o desenvolvimento das armas químicas um segredo de Estado. Os cientistas que trabalharam no projeto ou que dele tiveram conhecimento foram fiéis ao Estado – isto é ser patriota. Não avisaram à humanidade o que estava sendo preparado e quais as consequências, que eles conheciam bem – isto é ser desumano.

O campo ficou livre para o Agente Laranja cumprir o seu papel. Ao contrário do que acontece no Brasil, o cidadão médio norte-americano acredita nas suas instituições. Com a grande imprensa condicionando o noticiário e as entidades políticas e científicas dando o aval, consegue-se o apoio popular. Tanto faz se a guerra é contra o Vietnã, Cuba, Afeganistão ou o Iraque – esta última feita para destruir armas químicas que os iraquianos só tiveram quando elas foram fornecidas pelos Estados Unidos para atacar o Irã...

Guerra, um ótimo negócio

Guerra é um grande negócio. Metade dos cientistas do planeta trabalham na pesquisa militar; cerca de quinhentos mil deles pesquisam armas nucleares. Existem mais de seiscentos reatores nucleares em funcionamento. Mais de setenta milhões de pessoas trabalham nos projetos militares ou nas forças armadas de diversos países. A Rússia, os países que formavam a ex-União Soviética, a China e os Estados Unidos estocam cerca de 20 mil mísseis e mais de cinquenta mil bombas atômicas – o bastante para explodir a Terra muitas vezes. A Coreia do Norte afirma ter armas atômicas. Índia e Israel também as possuem.

Quase todos os países investem cada vez mais na fabricação e pesquisas de armamentos – o Brasil quer voltar a ser um deles. Esperava-se que os investimentos na indústria bélica mundial chegassem a 1,02 trilhão de dólares em 2000. Mas essa soma foi atingida em 1988, e praticamente dobrou em 2005. Depois do atentado às torres gêmeas, em Nova Iorque, em setembro de 2001, os investimentos norte-americanos na indústria bélica sempre aumentaram, mesmo em períodos de crise aguda, como em 2008 e 2011.

Além dos lucros diretos com o comércio de armas, a indústria armamentista lucra mesmo sem vender sua produção. Primeiro, porque a maioria dos investimentos são subsidiados e se diluem na venda de tecnologia à indústria civil. Segundo, porque, como no tempo da Guerra Fria, a maioria das armas torna-se obsoleta antes de ser experimentada. Atualmente, "aperfeiçoa-se" mais armas do que a capacidade de usá-las. Isso aumenta o seu custo – o que, paradoxalmente, rende melhores negócios para alguns, mas agrava a situação do povo, que paga os impostos.

A paz tem sido um péssimo negócio para os "negócios". Uma das quedas históricas da Bolsa norte-americana aconteceu em 1959, quando o presidente Eisenhower anunciou que se encontraria com o primeiro-ministro soviético Nikita Kruchev. Uma especialista da Bolsa, a jornalista Sylvia Porter, explicou que "o mercado de títulos entrava em parafuso" sempre que havia a possibilidade de um entendimento com os russos e, consequentemente, cortes nas verbas do Pentágono.

A Bolsa, porém, subiu espetacularmente sete dias seguidos, em maio de 1960, quando os soviéticos derrubaram o avião de espionagem norte-americano U2, aumentando o risco de conflito entre as duas potências. A política militarista estabelece cadeias de acontecimentos que levam ao absurdo. Em 1962, o senador norte-americano George Goodling reuniu os políticos para comunicar-lhes oficialmente que "nenhum partido poderia concordar com o desarmamento". Explicou que o país não suportaria uma política de paz; seria a falência do sistema capitalista. Não se tratava de qualquer um, nem de uma opinião irresponsável – ele sabia o que estava dizendo.

Logo depois veio uma amostra do que aconteceria com o desarmamento nos Estados Unidos. A Marinha suspendeu a compra de um avião tecnicamente superado, o F-105 D Thunderchief, fabricado em Farmingdale, Long Island. A fábrica informou que fecharia suas portas, colocando na rua treze mil desempregados. Os subfornecedores de peças e acessórios perderiam seus negócios, elevando o número de demitidos para vinte mil homens. Mas esses 20 mil homens haviam comprado casas a prazo, geladeiras, automóveis, televisores etc., moravam em uma cidade construída para eles nas imediações da fábrica e certamente não pagariam suas dívidas, "quebrando" os comerciantes.

Em todo o estado levantou-se uma revolta geral contra o fechamento da fábrica. Fim da história: o governo arranjou novos contratos para a fábrica continuar produzindo aviões obsoletos, que certamente a Marinha não usaria. Fred J. Cook conta o caso em *O estado militarista*:

"Essa é a história de apenas um avião e de apenas um contrato de guerra anulado. Se multiplicarmos o caso pelos milhares de contratos e os bilhões de dólares empregados em projetos muitíssimo mais vastos em amplitude do que a construção de um simples caça-bombardeiro, logo ficaremos com uma ideia de quão completamente a aparentemente próspera economia norte-americana está na dependência da corrida militarista. As queixas que se elevaram em Long Island devido à anulação da compra do Thunderchief são típicas das que se elevam por toda parte, sempre que se faz um esforço para reduzir uma pequena e quase insignificante parte do orçamento de defesa."

Em muitas circunstâncias as forças armadas dos Estados Unidos ainda compram equipamentos e armas obsoletas, para não provocar traumas na economia. A ruptura de contratos ultrapassados pode provocar falências e desemprego imediatamente, com reflexos em vários setores da economia e da indústria. A região de Los Angeles, na Califórnia, continua tão dependente dos investimentos da indústria armamentista como no tempo dos aviões F-105. Atualmente, com o rápido desenvolvimento das tecnologias, a obsolescência ocorre mais rapidamente: alguns projetos caducam antes de saírem das pranchetas ou telas de computadores.

Como sempre, essas "divagações" têm tudo a ver com ecologia. O complexo econômico-industrial deságua em várias políticas, uma delas, sem dúvida, a poluição consentida. Não é algo novo no mundo. Além da sua finalidade intrínseca, que é matar, a política armamentista impõe procedimentos que agridem o ambiente e o homem.

Poluição e muito dinheiro

Guerra é poluição total.

No século I a.C., quando as tropas romanas invadiram a Ibéria (onde hoje está a Geórgia), uma das táticas foi derrubar as florestas da margem esquerda do rio Kurá e envenenar as fontes de água potável. Em suas investidas pela Europa, os hunos incendiavam as matas para que os resistentes não se escondessem nelas.

O progresso aumentou a capacidade destrutiva dos exércitos. Nas guerras de Napoleão, no século XIX, morreram 3,7 milhões de pessoas; na Primeira Guerra Mundial (1914-1918), quando se empregaram pela primeira vez substâncias tóxicas, os mortos chegaram aos quinze milhões; os bosques da França e da Bélgica também "morreram" e suas lavouras se perderam, envenenadas. Na Segunda Guerra Mundial (1939-1945) morreram 55 milhões de pessoas. Os navios afundados espalharam pelos mares cerca de 5,5 milhões de toneladas de petróleo. Nas guerras do século XX morreram cem milhões de seres humanos, com os danos à natureza, repetindo-se na paz, como a experiência vietnamita transferida ao Brasil amazônico.

Hoje, um conflito nuclear não daria tempo para poluir: as bombas atômicas liquidariam o planeta em minutos. O que não nos impede de sofrer na "paz" os efeitos da indústria bélica, que polui antes de usar suas armas.

A potência das armas atômicas disponíveis atualmente é superior a um milhão de bombas como a de Hiroxima. Hoje, cada ser humano pode ser destruído por 4 toneladas de trinitrotolueno, o TNT, poderoso explosivo usado nas guerras. Ou seja, para cada ser humano vivo, existem 4 toneladas de TNT "embutidas" em bombas atômicas.

Em 1975, a ONU informou que os gastos militares em todo o mundo atingiram 300 bilhões de dólares. Em 1980, elevaram-se a 650 bilhões, o que representava um quarto do capital investido e 6% do produto nacional bruto do mundo. Como vimos, a cifra projetada para 2000, de 1,02 trilhão de dólares, foi alcançada em 1988.

Nos Estados Unidos, depois da Guerra do Vietnã, em 1970, os investimentos bélicos pularam de 76,5 bilhões de dólares para 171,5 bilhões. Uma alta de mais de 130%, que continuou se elevando nos anos seguintes. A sofisticação das armas aumenta o seu custo. Quanto mais precisas e mortíferas, mais caras. Hoje, os Estados Unidos gastam mais do que nunca na produção de armas e manutenção das tropas. De 2001 a 2004, o orçamento militar norte-americano subiu 41%, e de 2005 para 2006 projeta-se um aumento de 30% – é o maior crescimento com gastos militares nos últimos

25 anos. Do orçamento de cerca de 2,6 trilhões de dólares para 2005-2006, nada menos que 400 bilhões – em torno de 20% do total – foram destinados à "defesa". O gasto equivale, em números aproximados, a 1 bilhão de dólares por dia, 45,6 milhões por hora e cerca de 760 mil por minuto. Para se ter uma ideia, basta lembrar que o PIB brasileiro de 2004 somou 610 bilhões de dólares. A ocupação do Iraque previa um custo de 200 milhões de dólares só em 2005. A tropa profissional norte-americana é de 1,4 milhões de soldados, dos quais 250 mil estão nas 725 bases militares que os Estados Unidos mantêm no exterior. Nos seus períodos de paz, os Estados Unidos investiram 5% do seu PNB (Produto Nacional Bruto) na política armamentista e apenas 0,5% na proteção ao ambiente.

Isso leva a uma política de agressão ao ambiente, pois a indústria bélica precisa de matéria-prima, que é arrancada da terra sem o menor cuidado. É o que explica, também, por que os Estados Unidos consomem um terço dos produtos minerais da Terra, e por que setenta milhões de pessoas trabalham na produção de armas: nada menos que 6,5% da mão de obra empregada no mundo. A produção é espantosa, em cifras e em poder mortífero. O governo dos Estados Unidos admite que estoca 55 mil toneladas de substâncias tóxicas e 150 mil toneladas de "munição química" – é provável que os números sejam maiores. Se isso for usado em pequena ou média escala, a maior parte dos mortos será de civis; usado de uma vez, mataria o mundo "quatro vezes".

Como se mantém tal máquina de guerra?

Sacrificando seu povo, cortando os programas sociais e, principalmente, com as remessas de capital do Terceiro Mundo para os Estados Unidos, que, nos últimos quarenta anos, ultrapassaram um trilhão de dólares. Em última instância, são os pobres dos Estados Unidos e os pobres do mundo que sustentam tal política guerreira.

Ao se aplicar 1 bilhão de dólares na indústria militar, criam-se 35 mil empregos para civis. Essa soma aplicada na indústria civil empregaria 77 mil trabalhadores. Se os Estados Unidos desviassem 10 bilhões de dólares da indústria bélica para a produção civil, criariam 240 mil novos empregos na área de saúde, por exemplo. Essa é uma conclusão do seu próprio Departamento de Estatística.

Uma pesquisa da Universidade de Illinois concluiu que um redirecionamento dos investimentos militares para objetivos sociais poderia criar 6,7 milhões de empregos. No entanto, qualquer mudança no sistema resulta em protestos, como o já citado cancelamento do contrato para a fabricação de aviões F-105.

Como foi no Brasil, como é no mundo

Países dependentes seguem o modelo dos que os dominam. É o caso do Brasil, que no período da ditadura militar foi fabricante de armas. Nos anos 1970, a FIESP (Federação das Indústrias do Estado de São Paulo), criou o GPMI (Grupo Permanente de Mobilização Industrial), um departamento para adaptar a indústria paulista ao projeto dos militares. O governo fundou a Imbel (Indústria de Material Bélico do Brasil) e outras unidades, que reciclaram tecnologia mundial defasada e criaram técnicas próprias – até com sucesso, tendo em vista nosso atraso nessa área. Surgiram, nessa época, o CTA (Centro Técnico Aeroespacial), as empresas Engesa, Embraer, Avibrás, Engepron etc. Formou-se um complexo de mais de trezentas empresas fabricando e exportando armas.

As exportações do setor foram significativas e mais de 120 mil pessoas estavam envolvidas nesse negócio, que, em 1980, chegou a 5 bilhões de dólares – ridículo se comparados à produção norte-americana, mas importante para o Brasil. Era o que pensavam as autoridades, que fizeram empréstimos no exterior e desviaram verbas dos programas sociais, com aumento da dependência externa e maior injustiça interna.

No Brasil daquele tempo, os investimentos para fabricar um tanque de guerra, o Osório, dariam para equipar 520 salas de aula. Gastam-se sessenta vezes mais para formar um soldado do que para educar uma criança. Os investimentos de duas semanas da indústria bélica mundial seriam suficientes para alimentar, educar e dar casa – com água e eletricidade – para os 1,2 bilhão de famintos que existem no mundo pelo menos por um ano.

Tais dados não sensibilizam os governos militaristas. Os danos sociais decorrentes da política armamentista esmagam a sociedade mundial. Mesmo em tempo de "paz" sofremos com um alto índice de poluição que, por si só, sem a ajuda da bomba atômica, está matando o planeta.

9. Petróleo, uma estratégia de apropriação da técnica

O PETRÓLEO É UMA FONTE DE ENERGIA OBSOLETA QUE JÁ PODERIA SER SUBSTITUÍDA. MAS OS GRANDES CONGLOMERADOS ECONÔMICOS NÃO ABREM MÃO DOS SEUS LUCROS, DEFENDIDOS COM GUERRAS, NEGOCIATAS E MUITA POLUIÇÃO.

Negócios, guerras e ecologia

Em 1974, repentinamente, anunciou-se o fim do petróleo. Em seguida o seu preço elevou-se e não se falou mais em esgotamento. Nas décadas seguintes, os Estados Unidos hostilizaram o Irã, fizeram a Guerra do Golfo, entraram no Afeganistão e invadiram o Iraque – locais das maiores reservas petrolíferas do mundo. Por quê?

A cada trinta anos mais ou menos, coincidindo com as crises do capitalismo, lembra-se que o petróleo vai acabar. No começo da década de 1970, o petróleo vendido à Europa custava a metade do norte-americano. Isso porque a exploração do petróleo em alguns países árabes era feita por empresas europeias. A França, por exemplo, lucrava cinco vezes mais na exploração de petróleo do que os árabes, donos dos poços.

Quando a Líbia nacionalizou o petróleo e em seguida elevou seu preço, equiparando-o ao dos fornecedores norte-americanos, o economista J. M. Chevalier percebeu que isso satisfazia às empresas dos Estados Unidos. Uma alta do petróleo não controlado pelos norte-americanos colocava-os em condições vantajosas diante de seus concorrentes europeus. Poucos notaram que a elevação do preço, naquele momento, poderia ser uma manobra das empresas norte-americanas, em disputa com as europeias.

Resumindo: a alta do petróleo árabe provocou aumentos generalizados nos preços de revenda, mas não tocou nos custos para os produtores, ligados às multinacionais que industrializam e distribuem o produto. Também compensou o custo mais elevado da prospecção e extração de óleo a maiores profundidades, como o explorado pelos norte-americanos nas plataformas marítimas, no Alasca, sem falar no aspecto qualitativo do produto em si. Trinta anos depois, a invasão do Iraque, para "democratizar" o país e livrar o mundo da "ameaça" de Saddam Hussein, garantiu o abastecimento do petróleo da região aos Estados Unidos.

O que isso tem a ver com a ecologia?

Tem a ver que é uma estratégia de produção de energia que permanece essencialmente inalterada por alguns anos, permitindo reservar outras fontes já pesquisadas para o monopólio da economia norte-americana. Eliminou-se a concorrência e formaram-se cartéis, com regras estipuladas de ajuste de preços, para a continuação de uma política energética das mais poluidoras do mundo. Pesquisam-se formas mais "limpas" de energia, que ficam restritas ao uso militar – como a energia atômica –, enquanto prevalecem tecnologias que, diante do conhecimento científico atual, podem ser consideradas anacrônicas.

Entre outras coisas, prolonga-se o uso de veículos que envenenam a atmosfera com o monóxido de carbono e permite-se a longevidade de indústrias alheias ao real bem-estar da sociedade humana, como a automobilística, que privilegia o transporte individual em lugar do coletivo.

Todo o processo é poluidor

A indústria petrolífera é poluidora do princípio ao fim. Da prospecção e perfuração do poço até o produto final (gasolina, óleos, parafinas, plásticos, borrachas, resinas, cosméticos etc.), nada se faz sem poluir.

A mais "simples" das operações com o petróleo, o transporte, feito por gigantescos navios e extensos oleodutos, responde por 90% da poluição de óleo nos oceanos. A maior parte dessa poluição ocorre na carga e descarga e, principalmente, no acerto do lastro dos petroleiros. Esse óleo vazado para o mar, acidentalmente ou por lavagem de tanques, forma uma fina lâmina na superfície, bloqueando as trocas gasosas entre a água e o ar. Os estômatos das plantas marinhas fecham-se, impedindo a entrada e saída de gases; os animais morrem em lenta agonia, com as penas e peles grudadas por uma grossa camada de óleo. Zoólogos encontraram lesões em seus fígados, nas glândulas suprarrenais, impermeabilização das mucosas e destruição da flora intestinal.

O naufrágio de um petroleiro médio, carregando entre 50 e 60 mil toneladas, pode poluir o oceano por centenas de quilômetros quadrados. Muitas vezes as tentativas para remediar os danos de um derramamento de petróleo causam mais estragos que o próprio vazamento. Antigamente se queimava o óleo com bombas incendiárias. Não deu certo. Hoje se "lava" o mar com detergentes. Mas a combinação de detergente e petróleo produz gases tóxicos, exterminando a fauna marinha. O detergente no mar é fatal para as aves. Elas possuem uma secreção protetora, gordurosa, que impermeabiliza suas penas, possibilitando-lhes a flutuação. Ao nadarem em águas poluídas por detergentes, essa secreção é lavada, as penas se encharcam e as aves morrem afogadas, pois não conseguem voar.

A indústria petrolífera também "exporta" poluição. Empresas norte-americanas levam para processar em Trinidad e Tobago, no Caribe, os petróleos venezuelano e árabe que adquirem, pois eles têm alto teor de enxofre – e refinam "em casa" os de baixo teor. Trata-se de uma medida duplamente interessante: leva a poluição para longe de suas fronteiras e aumenta o custo do produto, que é repassado para o consumidor final, possibilitando maiores lucros. Essa busca de mais lucro representa obviamente mais poluição para os povos subdesenvolvidos.

Uma "subpoluição" do petróleo é o asfaltamento do solo. Atualmente existe uma área asfaltada superior a 7,5 milhões de quilômetros quadrados no mundo: mais que a metade da superfície do Brasil. Entre outros males, essa cobertura causa enchentes nas áreas urbanas, pois impede a penetração das águas da chuva no solo.

Um jato comercial "queima" 35 toneladas de oxigênio para cruzar o Oceano Atlântico. Com a fotossíntese prejudicada pela derrubada de árvores e o aumento do dióxido de carbono, é fácil imaginar o que isso representa. Finalmente, o que todos conhecem: 60% da poluição atmosférica provém dos automóveis. Em muitos países, além do monóxido de carbono, cada automóvel lança anualmente no ar 1 quilograma de chumbo, contribuindo para o aumento do câncer e a elevação da temperatura do planeta.

Comparando-se os benefícios do uso do petróleo e os danos acumulados à sobrevivência da humanidade, se fôssemos racionais abandonaríamos esse combustível ou adotaríamos novos métodos em sua exploração. No entanto, tal uso vem sendo potencializado, na busca de maiores lucros na reta final dessa obsoleta fonte de energia. Os cartéis que exploram o petróleo procuram obter todo o lucro possível, para se apoderarem das futuras fontes de energia (as empresas petrolíferas já possuem metade das reservas de urânio do mundo). Isso só é viável, economicamente, porque elas não têm freios para detê-las.

10. Saúde e doença,
e crianças sem cérebro

A SAÚDE HUMANA É TRATADA COMO UMA MERCADORIA PELA INDÚSTRIA FARMACÊUTICA. HÁ UMA CULTURA DA DOENÇA: É MAIS LUCRATIVO "TRATAR" A DOENÇA DO QUE CURAR O DOENTE. O DESCASO COM O SER HUMANO ATINGIU NÍVEIS TRÁGICOS NOS EPISÓDIOS DE CUBATÃO, NA VILA PARISI E NA VILA SOCÓ.

O envenenamento contínuo

Se qualquer cidadão manifestar publicamente uma dúvida sobre as qualidades de um produto, pode ser processado. Por exemplo, o creme dental Phillips realmente protege contra as cáries e tem mesmo ação antiácida? The Sydney Ross Co., seu fabricante, pode sentir-se prejudicado com tal dúvida e, portanto, processar o desconfiado consumidor. O comerciante ou fabricante pode dizer o que melhor lhe ajuda a vender seus produtos e não precisa provar nada. Ao consumidor sequer é dado o benefício da dúvida…

Quais conservantes se embutem nos milhares de enlatados? O que são acidulantes? O que é "sabor artificial"? Qual a composição dos corantes químicos?

Não só no Brasil, mas em todo o mundo, poucos sabem as respostas. Comem o que a propaganda "empurra" ao consumidor. Sem conhecimento e noções sobre saúde e alimentação, não há pressão sobre a indústria alimentar exigindo qualidade e pureza da comida à venda. Por isso, a impunidade é mais ou menos geral nas sociedades industriais.

Na França, em 1970, um erro na mistura de hexaclorofeno ao talco provocou a morte de 27 bebês. Esse caso demonstra como é fácil ocorrer um engano e como até os produtos destinados aos bebês carregam drogas letais em sua composição (no caso, o hexaclorofeno agia como antisséptico). Mostra também como a propaganda impõe costumes contrários à saúde: a maioria dos pediatras informa que o talco não serve para nada e pode prejudicar as crianças. No entanto, ele é fabricado e vendido.

No Brasil, ignora-se quais desodorantes e cremes dentais contêm hexaclorofeno, pois as informações técnicas são incompletas. Sabe-se que o hexaclorofeno é seis vezes mais tóxico que o DDT. No caso dos desodorantes e cremes dentais, o hexaclorofeno é usado pelo seu alto poder bactericida. Uma pesquisa dos dermatologistas norte-americanos R. Feldman e I. Malbach constatou que a pele humana absorve imediatamente, ao contato, 3% da dose de hexaclorofeno aplicada. O hexaclorofeno absorvido espalha-se pela circulação e fixa-se no sistema nervoso.

Nos Estados Unidos e na França, onde desde 1970 se denunciam os perigos do hexaclorofeno, algumas marcas não abandonaram o seu uso: a propaganda convenceu os consumidores que creme dental sem ele não é tão bom nem "limpa" tanto. Obrigadas a declarar que tais produtos contêm hexaclorofeno, aquelas indústrias escrevem nas embalagens: "contém 2, 2'dihidroxi-3, 6, 3', 5', 6' hexaclorodifenilmetano". Quem sabe o que é?

Absorvemos também o cádmio, um dos mais perigosos metais para a saúde humana, presente na água potável (que o absorve de encanamentos galvanizados) e nas embalagens de lata, encontrando-se principalmente no arroz, farinha e açúcar branco. Um relatório ao Senado norte-americano, feito pelo doutor H. A. Schroeder, da Dartmouth Medical School, informa que o cádmio prejudica a digestão das gorduras e é uma das principais causas da hipertensão e das doenças do coração. A OMS diz que a tolerância do ser humano ao cádmio é de 500 microgramas, mas o consumidor de produtos industrializados e armazenados absorve até 1.000 microgramas.

Depois do cádmio, um dos piores metais para o ser humano é o chumbo. O envenenamento pelo chumbo é antigo. Os romanos o "bebiam" quando se tornou moda na velha Roma tomar vinho em canecas fabricadas com esse metal. Porém, os mais atingidos foram os escravos que fabricavam as taças, as vasilhas e os encanamentos das casas nobres dos patrícios.

Outra forma frequente de intoxicação por chumbo acontece com o uso diário de utensílios de cerâmica malcozida. Principalmente quando se servem nessa cerâmica alimentos com vinagre ou sumo de frutas ácidas. O consumo frequente de alimentos nessas louças provoca intoxicação aguda, geralmente diagnosticada como "dor de estômago", e, não raro, acarreta úlceras e até câncer.

Na França, há o caso judiciário clássico de uma mulher que, em 1971, estava sendo acusada de envenenar o marido. Até se descobrir que a "assassina" apenas obedecia ao desejo do homem: preparava-lhe diariamente berinjelas e as servia numa bandeja de cerâmica que desprendia chumbo. A mulher foi absolvida. A indústria sequer foi admoestada. Como se vê, não existe controle efetivo sobre produtos que prejudicam a saúde. Quase não há informação sobre tais danos.

Subvertendo e degradando o homem

A revista francesa *Les Temps Modernes* publicou, em março de 1974, as experiências de dois médicos de uma clínica psiquiátrica de Hamburgo para anular a agressividade dos cidadãos submetidos às tensões da vida moderna. Propunham adicionar drogas aos alimentos, que deixariam "dóceis" os trabalhadores das grandes cidades. As primeiras tentativas com penitenciários deram certo. A meta final seriam os trabalhadores de escritórios e fábricas.

Tais propostas se tornam possíveis porque existe o desejo de controlar a sociedade. Em abril de 1973, o *New Scientist* publicou uma sugestão do doutor John Postgate, da Universidade de Sussex, na Inglaterra, que, mediante uma sutil artimanha, pretendia reduzir o crescimento populacional com uma pílula que possibilitasse somente o nascimento de crianças do sexo masculino.

O doutor Postgate acreditava que todos tomariam a pílula porque a maioria dos casais queria ter "filhos homens" (não por acaso vivemos em sociedades machistas). Em pouco tempo haveria entre cinco e cinquenta vezes mais homens que mulheres. Como resultado, baixaria o número de nascimentos... Na sequência, o cientista desdobraria seu programa com uma nova indústria: a da satisfação sexual. Porque, com a falta de mulheres, "só restaria aos homens a masturbação". Como tal prática não seria satisfatória, o doutor Postgate propunha a criação de uma indústria de artifícios sexuais para solucionar o problema: "poderão ser largamente utilizados substitutos mecânicos e gráficos para as práticas sexuais normais". O doutor John Postgate não é um "cientista louco": é microbiologista de prestígio internacional, autor de *The Outer Reaches of Life* e, publicados em português, *Os micróbios e a vida* e *Fixação do nitrogênio*.

Nas sociedades industrializadas esse processo é comum: tira-se para dar. Antes, quebra-se o comportamento estabelecido e cria-se a frustração que, depois, é compensada com um "presente" — nessa dádiva devolve-se um simulacro de satisfação desde que se pague o preço: em dinheiro ou submissão. Dessa forma o poder econômico e político determina as regras da vida social.

A saúde como mercadoria

Há um desenvolvimento "normal" nas sociedades industrializadas que leva à aparente loucura: menospreza a saúde e transforma o homem em objeto de lucro. A saúde ameaçada passa a ser mercadoria. Essa é a mecânica da indústria farmacêutica, à qual a maioria dos profissionais de medicina se submete, consciente ou inconscientemente. Em *Ecologia e política*, Michel Bosquet afirma que existe uma "subcultura publicitária" que passa a ideia de que boa saúde é ter "capacidade ilimitada do gozo do consumo". Dessa forma, "a fadiga, a fraqueza, os incômodos da vida, a saturação, o inconformismo ou a dor estão 'previstos' pela medicamentação. Nos Estados Unidos, a maioria das anfetaminas é prescrita a mulheres que, para emagrecer, pedem que se lhes reduza o apetite".

Quando afirmou isso, há mais de quarenta anos, ele não previu que seria cada vez mais atual e que emagrecer à custa de drogas seria um comportamento "normal". A indústria farmacêutica não leva em conta o bem-estar e a integração do homem ao seu ser, como motivação básica de saúde. O "homem normal", nas sociedades modernas, é o homem doente que precisa ser curado pelas drogas. Muitos especialistas, como Bosquet, entendem que a medicina fabrica mais doentes do que cura:

> "Pretendendo curar caso por caso, indivíduo por indivíduo, a medicina esconde as causas profundas das doenças, que são socioeconômicas e culturais. Pretendendo aliviar todos os sofrimentos e angústias, ela esquece que, em última análise, os indivíduos são atingidos em seu corpo e psiquismo pelo modo de vida. Ajudando-os a suportar o que os destrói, a medicina contribui afinal para essa destruição."

As ideias de Bosquet, inspiradas no médico e educador francês Ivan Illich (1926-2002), podem parecer "extremistas". Especialmente porque a subversão dos valores não nos permite encarar o ser humano como o centro da vida. O homem é objeto de lucro para o sistema e um "caso" para a medicina. Não se procura curar o doente, mas aliviar suas dores – um processo paliativo, consequente das necessidades estruturais da indústria farmacêutica.

Limitações de espaço impedem o aprofundamento do assunto como ele merece. Apenas lembraremos que o "culto à doença" pode criar um clima de expectativa e angústia. O homem permanece em constante auto-observação para não adoecer, o que pode ser a pior doença. Não é "culpa" dos médicos, mas o reflexo da impossibilidade de escapar do sistema que produz tais anomalias. Nem nos deteremos nas internações desnecessárias, tratamentos equivocados etc., justamente por privilegiar a doença em lugar da saúde. Vale destacar que, na Europa e nos Estados Unidos, onde existem estatísticas (no Brasil pouco se sabe), a taxa de acidentes nos hospitais é mais elevada do que nas fábricas, exceção feita às minas e à construção civil. Por isso, não se admira que, quando houve uma greve de um mês nos hospitais de Nova York, a taxa de mortalidade baixou.

Nos Estados Unidos, a tensão e a angústia aumentaram nos últimos anos. Com os atentados ao World Trade Center (as torres gêmeas) e o medo do terrorismo, cresceu o uso de barbitúricos – de cinquenta doses anuais *per capita* em 1985, para quase o dobro, em 2001, embora os cientistas advirtam que, quanto maior o uso de psicotrópicos, mais distúrbios aparecem.

Na França, ao subir 2,7 vezes o consumo de medicamentos, entre 1959-1972, a taxa de mortalidade cresceu. O avanço da indústria farmacêutica pouco contribuiu para aumentar a longevidade dos cidadãos acima de sessenta anos: apenas dois anos a mais do que em 1900. Uma pesquisa de Jean-Pierre Dupuy demonstrou que o aumento de 10% de médicos franceses reduziu em apenas 0,3% a mortalidade. Ele concluiu que, diminuindo o consumo de gorduras em 10%, a mortalidade baixaria 2,5%. A qualidade alimentar seria, então, oito vezes mais eficiente que o aumento do número de médicos.

Pouco adianta ter mais médicos ou distribuir remédios à população, como na França, se o próprio sistema contribui para o envenenamento do homem ao degradar o ambiente. Isso confirma-se na região de Ribeirão Preto, onde, em 1980, pesquisadores da USP local descobriram, no leite materno de vinte e quatro doadoras, níveis de DDT duas vezes acima do tolerável. O nível de DDT é maior quando as mães são da zona rural, onde estão mais próximas das queimadas da cana-de-açúcar: a cada safra aumentam os casos de doenças pulmonares, especialmente nas crianças.

Um estudo sobre a saúde do brasileiro exigiria um outro livro. No Brasil convivem o subdesenvolvimento e áreas altamente industrializadas, mesclando-se à ignorância sobre alimentação e saúde a pobreza de dois terços do povo. Assim, é problemático analisar isoladamente saúde, doença, medicina – tudo teria de ser tratado globalmente. Dessa forma se demonstraria que, paralelamente à injustiça social, a agressão ao ambiente exerce tremenda força na degradação do homem brasileiro.

Então, crianças sem cérebro

Essa degradação pôde ser vista em Cubatão, a partir de 1970, quando as indústrias lançavam ao ar, diariamente, 1 milhão de toneladas de gases e partículas corrosivas e 2.600 toneladas de efluentes líquidos nas águas, segundo a CETESB (Companhia de Tecnologia de Saneamento Ambiental). Nasceram crianças sem cérebro, aconteceram abortos, problemas de pele e várias intoxicações. Os menos atingidos sofreram dor nos olhos, diarreia, tonturas, enjoos.

Em 1980, depondo em uma CEI (Comissão Especial de Inquérito), o jornalista Randáu Marques informou que aumentaram em 110% os casos de crianças nascidas com "mutações genéticas, fendas palatianas, retardo de crescimento provocado por lesões no sistema nervoso central, membros defeituosos".

O professor Reinaldo Azoubel, do Departamento de Morfologia da Faculdade de Medicina de Ribeirão Preto, afirmou a *O Estado de S. Paulo* (4 de fevereiro de 1981) que, de cada cem crianças nascidas em Cubatão, oito apresentam malformações congênitas, "em consequência da poluição existente na região". Entre as deformações, contavam-se crianças sem a abóbada craniana (anencefalia) e sem os ossos dos membros superiores e inferiores. Ele acrescentou que o alto índice de mortalidade infantil em Cubatão, 35% (ou seja, 350 mortes em mil nascimentos, antes de um ano), poderia ser causado pela poluição "alarmante". (De outubro de 1981 a abril de 1982, nasceram 37 crianças mortas, 5 com problemas neurológicos, 3 sem cérebro e 2 com fechamento do tubo neural. Ou seja, 1,5% da população era deficiente.)

Surgiram doenças como a distrofia muscular, que pode levar à morte: um gás provocava contrações musculares e a vítima apresentava transpiração excessiva, dores de cabeça, dificuldades visuais e perturbações psíquicas, seguidas de convulsão e estado de coma. O neurologista João Stamato, da Faculdade de Ciências Médicas de Santos, afirmou que a doença era incurável e podia aparecer tanto em recém-nascidos como em crianças desenvolvidas e adultos. No ar de Cubatão foi encontrado o Frosdin, espécie de "gás de nervos", usado na Primeira Guerra Mundial.

Em dezembro de 1981, nasceu um garoto sem braços e sem pernas, que viveu apenas dois meses. O pai, Mário Angelino da Silva, disse a representantes da Associação Brasileira de Proteção à Natureza, da Sociedade Brasileira de Ecologia e da Unicamp (Universidade Estadual de Campinas), que trabalhava com produtos altamente tóxicos e que "tomou um banho de metilbenzeno", quando uma mangueira estourou na indústria Estireno.

Maria das Dores, cearense, moradora de Vila Parisi, deu à luz, no Hospital Ana Costa, em Santos, uma criança que ela descreveu como "4 quilos de banha de vaca" – não lhe deixaram ficar com a filha, que viveu vinte dias, sem braços, sem pescoço e com um arremedo de cabeça. Seu marido, operário da multinacional Luschsinger Madorin (Adubos Trevo), também tinha sofrido "um banho" de ureia, cloreto e sulfato.

Esse quadro completou-se com a destruição de 60 quilômetros quadrados de um dos últimos santuários ecológicos de São Paulo, a Serra do Mar, queimados por gases ácidos liberados pelas indústrias, deixando a mata "botanicamente morta". O jornalista Nunzio Briguglio escreveu na revista *IstoÉ* (17 de fevereiro de 1982), que Cubatão tinha "um odor espesso, molhado, acre e insuportável, capaz de provocar dores de cabeça, ânsias de vômito, tosses convulsivas".

Da Vila Socó à "boa imagem"

Em julho de 1983, o então secretário do Meio Ambiente, Paulo Nogueira Neto, advertiu que Cubatão era "uma bomba" e poderia acontecer uma tragédia. Não foi ouvido: salvar vidas significaria diminuir o lucro das empresas. Sete meses depois aconteceu a tragédia de Vila Socó.

A Vila Socó era uma favela de Cubatão, nascida em torno das indústrias. Seus casebres sustentavam-se sobre palafitas, em cima dos dutos da Petrobras, que conduziam gasolina. Os canos vazavam e estavam enferrujados em algumas partes. Em 26 de fevereiro de 1984 uma válvula emperrou, 700 mil litros de gasolina pressionaram os canos e houve um incêndio, seguido de explosões que mataram entre 600 e 900 pessoas. As autoridades reconheceram a morte apenas de 93: o número de crianças que faltou às aulas no dia seguinte.

Desde 1970 sabia-se de 174 vazamentos nos dutos da Petrobras: de 1979 a 1984 não houve manutenção dos dutos. Um ano antes da explosão em Vila Socó, em 1983, um vazamento de gasolina provocou uma linha de fogo de 4 quilômetros sobre as águas do rio Atibaia. Apesar de tudo e das seguidas denúncias, inclusive da OMS, nada foi feito para prevenir a tragédia.

Depois do acidente tentou-se "mudar a imagem" de Cubatão. Em maio de 1984, construiu-se um estádio ao lado de uma indústria altamente poluidora, a Estireno. A SBPC (Sociedade Brasileira para o Progresso da Ciência) comentou que "praticar esportes numa câmara de gás é uma experiência que nem os médicos de Hitler ousaram fazer em seus experimentos brutais com a vida humana". E denunciaram a "experiência assombrosa" como um "recurso cosmético ou truque de maquiagem para melhorar a cor do enfermo."

O resultado não se fez esperar. Vinte e oito atletas e trinta estudantes que se apresentaram no estádio tiveram leucopenia, doença que provoca a redução dos glóbulos brancos no sangue e pode evoluir para a leucemia e anemia aplástica. A leucopenia foi causada provavelmente por gases como o benzeno.

A partir de 1984 adotaram-se medidas para diminuir a poluição, com um investimento de quase 2 bilhões de dólares, em parte financiado pelo BIRD (Banco Interamericano de Desenvolvimento). Segundo a CETESB, desde então, 92% da fontes poluidoras foram controladas – mas os índices ainda estão acima do aceitável.

Em 1983 Cubatão era o segundo município brasileiro em arrecadação municipal, o mais importante polo industrial do país, e tinha a maior renda *per capita* do Brasil – uma ilusão estatística, possível com a concentração de renda: 40% da população morava em favelas e 80% dos trabalhadores recebiam menos de três salários mínimos. Outra pesquisa, realizada em 2002, mostrou que 10% da população estava desempregada e 70% exercia atividades informais, como camelôs ou biscateiros, e que o número de favelados aumentou. Nessa época, Cubatão era a segunda cidade mais violenta do estado de São Paulo, segundo a Secretaria de Segurança Pública.

Apesar da significativa melhora ambiental, a ameaça ainda existe. As tragédias de Cubatão provam que a agressão ao ambiente conduz à degradação da humanidade.

11. A água do mundo está ameaçada

A IMPREVIDÊNCIA HUMANA CONSEGUIU O INACREDITÁVEL:
ESTÁ ACABANDO COM A ÁGUA POTÁVEL DO MUNDO. GRANDES
RESERVATÓRIOS ESTÃO CONTAMINADOS E COM O NÍVEL CADA VEZ MAIS
BAIXO. É PROVÁVEL QUE ACONTEÇAM GUERRAS PELA
POSSE DAS FONTES DE ÁGUA. AS ÁGUAS DO BRASIL JÁ ESTÃO
NA MIRA DOS PAÍSES INDUSTRIALIZADOS.

O "caldo" e o fim do mar de Aral

Na metade do século XX acreditava-se que o mar seria o celeiro da humanidade. Cientistas sociais e biólogos, destacando-se o brasileiro Josué de Castro, argumentavam que os frutos do mar acabariam com a fome no mundo. Hoje, os frutos do mar podem envenenar o homem. O mar já não é a reserva de alimentos que poderia ser. Como disse um biólogo, é um "caldo tóxico".

A poluição dos oceanos é tão inexorável que o doutor Edward Goldberg, especialista em química marinha da Scripps Institution of Oceanography, da Califórnia, Estados Unidos, afirmou, num relatório para a Unesco (Organização das Nações Unidas para a Educação, Ciência e Cultura) que não adianta preocupar-se com o petróleo que contamina os mares, pois ele deve se esgotar antes "que sejam adotadas medidas eficazes para reduzir significativamente os derrames de óleo nos oceanos". Quanto aos metais pesados, ele acha que pouco pode se fazer, já que seu alto preço fará com que eles sejam "reutilizados cada vez mais, de modo que no futuro poluirão menos do que agora".

O problema é que, enquanto não chega o futuro, a poluição aumenta cada vez mais. E quando é o futuro? Se depender das multinacionais que exploram petróleo, ainda teremos de 40 a 60 anos de "futuro" provocando poluição, câncer etc.

O doutor Goldberg também informou que as águas profundas dos oceanos estão se saturando de "maneira gradativa e contínua de produtos químicos sintéticos contendo átomos de cloro e às vezes de flúor, os chamados hidrocarbonetos halógenos". Esses produtos atingem os litorais com os despejos dos esgotos das indústrias ou depositam-se nas águas superficiais do oceano com os gases transportados pela atmosfera; mas, como consequência dos processos físicos e biológicos do mar, em menos de dez anos passam para as águas profundas.

Muitas dessas substâncias alteram o processo metabólico dos organismos vivos. Os compostos pesados, como o DDT e os difenis policlorados, afetam o metabolismo do cálcio das aves marinhas, fazendo com que seus ovos tenham casca mais fina. A acumulação dessas matérias tóxicas atinge níveis tão altos que podem provocar doenças e mortalidade em tudo o que vive nos oceanos. É um processo sem volta, pois "o grande volume das águas oceânicas torna a recuperação de uma substância tóxica, derramada por acidente, ou catástrofe, uma empresa superior à capacidade de nossas técnicas atuais ou de um futuro previsível", afirma o doutor Goldberg, completando que "corremos o risco de legar às gerações futuras um oceano envenenado".

Em 1977, ele alertava que "hoje derramamos no oceano anualmente milhões de toneladas de compostos sintéticos como os hidrocarbonetos halógenos". Pelos seus cálculos, tais substâncias podem permanecer em águas profundas "por milhares de anos". Disso há certeza científica, o que não se sabe é "que quantidade dessas substâncias é necessária para tornar a deterioração do ecossistema irremediável."

Suas previsões não só se confirmaram como a realidade se tornou pior, décadas depois. Porém, pouco se faz para evitar a tragédia. Pelo contrário, aumentou a agressão ambiental no mar. Os vazamentos de petróleo, os dejetos industriais e urbanos, a construção de centrais nucleares no litoral (como no Brasil e no Japão) são exemplos dessa imprevidência.

Além disso, os cientistas, ecólogos e ecologistas trabalham com dados inferiores à realidade. Dan Behrman, autor de *The new world of the oceans* (*O novo mundo dos oceanos*) e redator científico da Unesco, afirma que as primeiras medições de DDT na atmosfera apontavam cifras mil vezes menores que a realidade, porque só se analisavam suas partículas sólidas.

Como se sabe, tudo o que degrada a terra ou o ar acaba chegando aos oceanos. E 85% dos peixes consumidos pelo homem vêm de regiões litorâneas, contaminadas com mercúrio e outras substâncias tóxicas.

"O mar está sendo assassinado, além de seu limite de resistência", denuncia o doutor Goldberg. Breve, seco e preciso, ele constata: "Todos os governos do mundo sabem disso. E o que fazem? Contribuem e colaboram, de forma direta ou indireta, para o fim."

Um drástico exemplo aconteceu na ex-União Soviética.

O desaparecimento do mar de Aral, entre o Uzbequistão e o Cazaquistão, na Ásia, é um dos maiores desastres ambientais do mundo. Foi provocado pelo governo da ex-União Soviética em 1960, que mandou desviar os cursos dos rios que o alimentavam, para utilizar suas águas na irrigação. As águas dos rios, levadas em canais a longa distância, evaporavam-se. Perdeu-se 90% da água que chegava ao mar de Aral. Em consequência, 27 mil quilômetros quadrados da área do mar secaram – seu fundo transformou-se num deserto. A concentração de sal dobrou, provocando a perda de 60% do volume da água que sobrou. A salinidade triplicou, os pesticidas usados nos algodoais contaminaram os lençóis freáticos vizinhos. A fauna das margens do mar reduziu-se drasticamente. Acabou-se a indústria pesqueira. Tempestades de areia e sal obrigam a população a ficar em casa durante dias. A região empobreceu, milhares de trabalhadores ficaram desempregados. Com a pobreza, aumentaram as doenças.

O mar de Aral era o quarto maior mar interior do planeta, com 66,1 mil quilômetros quadrados. Em 2007 ele estava reduzido a 10% do seu tamanho. Em 2010 sobraram três "poças" e encontra-se em acelerado processo de desertificação. Ao lermos essas linhas é possível que já não exista uma gota de água no que foi o mar de Aral.

O exemplo do mar de Aral deveria nos alertar sobre os riscos da transposição do rio São Francisco. Segundo o projeto do governo federal, as águas do São Francisco devem ser "transferidas" para abastecer os rios do Nordeste, no período das estiagens. Em consequência, as populações nordestinas da área beneficiada (que fica basicamente na Paraíba, no Rio Grande do Norte e no Ceará) poderiam irrigar suas plantações e utilizar a água para consumo humano. Porém, os estados de Minas Gerais, Bahia, Alagoas e Sergipe – que "perderiam" as águas do rio – temem que a transposição provoque desequilíbrio ecológico e transforme vastas regiões em desertos.

Como se vê, é um projeto polêmico, ainda sem consenso entre os técnicos. Também tem recebido seguidas denúncias pelo seu alto custo, pela corrupção e por favorecer interesses de companhias produtoras de energia elétrica. Segundo os críticos, a transposição provocaria sérios danos ambientais e só favoreceria empreiteiros e empresas de energia.

Como se sabe, o São Francisco, chamado "rio da integração nacional", nasce na serra da Canastra, em Minas Gerais, passa pela Bahia, por Pernambuco e Sergipe e desemboca no Oceano Atlântico. Tem 2.800 quilômetros de extensão e drena uma área de mais de 600 mil quilômetros quadrados. Tem dois trechos navegáveis: um de 1.371 quilômetros (de Pirapora, MG, a Petrolina, PE) e outro de 208 quilômetros (de Piranhas, AL, até o Atlântico).

A transferência das águas do rio vem sendo planejada desde 1985 e, desde 1999, o Ministério da Integração Nacional lidera a discussão do projeto, que faz parte do Programa de Desenvolvimento Sustentável para o Semiárido e a Bacia do São Francisco. Enquanto o governo o defende, a sociedade civil o critica com energia. É um assunto polêmico e que pode ter grande repercussão ambiental.

Não podemos nem devemos nos arriscar – o exemplo do mar de Aral é claro: o erro não tem volta.

Um "produto" em extinção

A água é o principal bem da Terra. Está em extinção. Parece acaciano dizer – é o principal bem do planeta, sem ela não há vida; e em seguida, afirmar uma loucura – está em extinção. As reservas de água potável estão diminuindo pelo mau uso, poluição localizada, desperdício e os efeitos globais da degradação ambiental em todo o mundo.

A agricultura consome de 70% a 75% da água potável do mundo – não só para irrigar os terrenos, mas porque os agrotóxicos exigem grandes quantidades de água para as reações químicas que possibilitem sua ação na terra. Na Ásia, onde o arroz é plantado em terrenos alagados, utiliza-se 90% da água para a agricultura: para produzir 1 quilo de arroz são necessários 5 mil litros de água. Além de consumirem o arroz como alimento e para fazer saquê, os asiáticos o utilizam como matéria prima do papel, usado nas casas japonesas típicas. Com o aumento do consumo de arroz vai faltar água.

O Kansas, nos Estados Unidos, sofreu uma grande seca em 1930. Na década de 1950 descobriu-se que a região atingida estava sobre o aquífero Ogalala – um dos maiores reservatórios de água do mundo. Furaram-se poços, criaram-se programas de irrigação e a pecuária voltou a crescer. Até que se descobriu que o nível da água estava perigosamente cada vez mais baixo em virtude do desperdício das águas evaporadas na irrigação. Foi refeito o programa de irrigação, hoje controlado por computadores que regulam o gotejamento da água, procurando equilibrar a evaporação com a regeneração do Ogalala pelas chuvas. Mas os técnicos são céticos e acredita-se que o Ogalala deva secar.

Os norte-americanos, responsáveis pelo maior desperdício e consumo *per capita* de água no mundo, sabem o perigo que correm. Também os europeus e os asiáticos ricos. E as nações pobres, entre elas o Brasil, que detêm as maiores reservas do mundo? Como as providências dos países ricos afetam o Brasil?

A cobiça pela nossa água

Há quem diga que as guerras do futuro serão pela conquista das fontes de água. As multinacionais já disputam o "mercado" das águas. Na África, empresas francesas competem com a Coca-Cola e a Nestlé pelo direito de explorar o abastecimento de água. Essa privatização da água, pretexto para melhorar a vida de populações empobrecidas, construindo esgotos e encanamentos, tem levado a escassez para milhares de africanos. Porque com a privatização eles precisam pagar pela água – mas não têm dinheiro. Em alguns países da África central os franceses lacraram e colocaram torneiras eletrônicas nos poços. Os africanos precisam adquirir um "cartão de crédito", que, enfiado num buraco como o dos caixas bancários, abre a torneira... A estratégia é manter as fontes de água como uma reserva a ser exportada para a Europa no devido tempo.

Porém, um dos mais trágicos exemplos da escassez de água verifica--se na China. Os lençóis freáticos do norte do país baixam em média dois metros por ano. Ali já desapareceram alguns rios e os lagos estão secando. Surgiram grandes áreas desertificadas. Isso se deve principalmente ao uso de poderosas bombas de sucção, que tiram mais água das reservas do que a capacidade de regeneração dos aquíferos. A população chinesa se conta em bilhões e para alimentá-la é preciso de uma agricultura eficiente. A "eficiência" foi a irrigação. Mas o uso da água além da capacidade regenerativa dos lençóis freáticos provocou a sua escassez, o que resultou na baixa produtividade agrícola. À medida que baixaram os níveis dos lençóis freáticos, diminuíram as safras: a China era autossuficiente em soja; hoje importa mais de 30 milhões de toneladas por ano. A falta de água na China deve se agravar pela rápida expansão industrial do país, estimulada pela globalização. A indústria necessita de aço. A fabricação do aço "engole" bilhões de litros de água. Como a Europa e os Estados Unidos, a China deve também, como potência econômica e militar, entrar na disputa pela água do planeta.

O Brasil tem a maior reserva de água potável do mundo. Aqui também há uma guerra de bastidores pela disputa da água. As autoridades fingem não saber. A privatização dos serviços de abastecimento de água e esgoto tem, entre outros motivos, a tentativa das multinacionais de controlarem nossas fontes de água.

O aquífero Guarani é o mais importante reservatório de água do Brasil e provavelmente a maior reserva natural de água no mundo. Abrange 1 milhão e 400 mil quilômetros quadrados, situados em Mato Grosso do Sul, Goiás, Minas Gerais, São Paulo, Paraná, Santa Catarina e Rio Grande do Sul. Estende-se também pela Argentina, pelo Paraguai e pelo Uruguai. A maior parte, cerca de 1 milhão de quilômetros quadrados, está no Brasil. O aquífero Guarani é um "tanque" de rochas sedimentares, das quais a mais importante é o arenito Botucatu. Está sendo poluído há anos pelos adubos químicos usados nas lavouras de cana-de-açúcar e soja. Seu nível está baixando. Como ele pode resistir por "muitos anos" – dez, vinte... –, não preocupa uma sociedade alienada e governos corruptos e incompetentes. Enquanto oficialmente nada se faz de prático para protegê-lo, apesar das denúncias dos ecologistas, testas de ferro das multinacionais estão adquirindo ou tentando comprar os terrenos sobre ele. Para isso é preciso impedir os assentamentos e as pequenas propriedades, como aconteceu na região de Ribeirão Preto, em São Paulo.

Os aquíferos, as bacias dos rios, o complexo fluvial do Pantanal mato-grossense e da Amazônia tornam o Brasil o alvo preferencial dos que pretendem conquistar o que será o bem mais valioso do planeta em toda a sua história – a água. Em menos de cem anos a água será disputada com extrema violência. Atualmente, já se furta água brasileira: navios estrangeiros entram na foz do rio Amazonas para encher os tanques e levar a água para seus países.

O problema da água e de vários outros assuntos tratados neste livro podem ser acompanhados e atualizados facilmente pela internet. Com critério e selecionando os portais sérios, o leitor encontrará informação ampla e muito mais triste do que leu aqui.

12. A escola hierarquizando o mundo

A EDUCAÇÃO, POR SI SÓ, SEM UMA CONSCIÊNCIA POLÍTICA CRÍTICA, NÃO É GARANTIA PARA MELHORAR O MUNDO. É PRECISO NÃO TER MEDO DE CONFRONTAR CONCEITOS BUROCRATICAMENTE ESTABELECIDOS E ENFRENTAR O GRANDE DESAFIO DE UMA SOLIDARIEDADE HUMANA CONCRETA, OBJETIVA.

Ainda há esperança?

E a luz no fim do túnel?

Menos por ingenuidade e mais por condicionamento ideológico, acredita-se que a educação desenvolve condições para reverter os processos irracionais, pois o comportamento incoerente do homem seria fruto da ignorância. Mas "educação", "ensino" e "ignorância" são conceitos formulados pela ideologia dominante para servir ao sistema de poder.

É comum dizer que, quanto mais agrônomos tivermos, mais e melhor produção de alimentos teremos. No Brasil, nunca houve tantos agrônomos como hoje. O resultado é mais produção com menor produtividade e pior qualidade. A terra está se exaurindo; as "supersafras" demonstram a falsidade das estatísticas, com a carestia e carência alimentar do povo. Contribui para isso tanto a divisão injusta de terras e de distribuição de renda como o uso que se faz da maioria dos técnicos, submetidos às metas empresariais. Com raras exceções, os agrônomos empenham-se em aumentar os lucros dos produtores e comerciantes de alimentos.

Existem mais médicos e sanitaristas, no entanto, caiu o nível da assistência médica – e duvida-se da qualidade dos tratamentos. Há mais professores, mas cresceu o número de analfabetos funcionais e semiletrados, com evidente queda na qualidade do ensino. Quanto mais escolas, pior. Quanto mais escolaridade, maior o risco de agressão ao homem e ao ambiente, porque as instituições capitalistas trabalham em favor do "mercado".

A crítica do ensaísta e poeta mexicano de Octavio Paz às escolas mexicanas pode ser feita também às nossas. Segundo ele, as "universidades e escolas politécnicas vomitam todos os anos milhares e milhares de semiletrados. O analfabeto mexicano não é um ser inculto: possui uma cultura tradicional que é frequentemente superior à nossa. Em troca, o semiletrado é um bárbaro…"

Na América Latina, segundo Ivan Illich, o governo gasta de 350 a 1.500 vezes mais com um universitário do que com um cidadão das classes baixas. A escola é uma forma de sedimentar a hierarquização da sociedade, respeitando os privilégios de uma determinada classe e estendendo essa política para o acatamento de uma hierarquia entre as nações. Isto é, predispõe o cidadão a aceitar as regras vigentes. Ivan Illich afirma que "a escalada das escolas é tão destrutiva quanto a escalada armamentista; apenas é menos visível". Nesse sentido, quanto mais tempo um estudante fica na escola aprendendo química, mais conhecimento ele terá para oferecer às multinacionais que envenenam o mundo; e assim por diante.

Radical? Marx ensinava que ser radical é apreender as coisas pela raiz – e para o homem a raiz é o próprio homem. Criou-se o preconceito de que radicalismo é "extremismo". Essa deformação no modo de ver as coisas impede que métodos mais profundos – radicais – sejam aplicados para explicar a sociedade e os males que os homens sofrem.

Fortaleceu-se um jargão pseudocientífico que oferece soluções cosméticas, aparentemente progressistas, mas que, na maioria das vezes, atendem à necessidade de o próprio sistema reciclar-se formalmente. Por isso, o que se afirma aqui corre o risco de ser interpretado como uma censura contra o saber – muitos podem até esquecer, nestas páginas finais, que todo o texto do livro amparou-se no saber científico. Trata-se de uma reinterpretação do uso do saber no contexto social, subvertido pela alienação da escola. Ivan Illich coloca isso muito bem:

"O universitário foi escolarizado para desempenhar funções seletas entre os ricos do mundo. Conquanto manifeste solidariedade com o Terceiro Mundo, qualquer americano formado por uma universidade custou cinco vezes mais que a receita vital média da metade da humanidade. Um estudante latino-americano que quiser entrar nessa fraternidade exclusiva gastará, em sua educação, 350 vezes mais dinheiro dos cofres públicos do que o gasto na educação do seu concidadão de renda média. Com raríssimas exceções, o licenciado universitário de um país pobre sente-se mais à vontade entre seus colegas norte-americanos e europeus do que entre seus compatriotas não escolarizados. Todos os estudantes passam por um processo acadêmico tal que apenas se sentem felizes quando na companhia de companheiros que consomem os mesmos produtos da maquinaria educacional."

Considerações finais

O autor que encerra um livro sobre ecologia com uma mensagem otimista é cínico ou ingênuo. Vivemos num mundo em processo de degradação, ameaçado, que precisa rever suas estruturas sociais, econômicas e políticas – e toda a superestrutura cultural –, para que a espécie humana e as próximas gerações possam sobreviver; para nos livrarmos do paradoxo brutal do capitalismo, que, para existir, não hesita em ameaçar a sobrevivência da humanidade.

Pessimismo à parte, acredito no ser humano.

O homem é um animal perigoso para o sistema: ele pensa. Do pensamento à ação, o caminho é longo e difícil. Mas tudo muda. Bertolt Brecht, poeta alemão, nos deixou um belo poema. Vamos finalizar com ele, pedindo desculpas pela tradução livre, pois tudo muda.

> *Tudo muda.*
> *Mas podemos começar de novo,*
> *com o último alento.*
> *O que acontece, porém, está feito:*
> *a água posta no vinho*
> *não podemos mais separar.*
>
> *O que acontece, está feito:*
> *a água posta no vinho*
> *não podemos mais separar.*
>
> *Mas tudo muda:*
> *com o último alento*
> *podemos de novo*
> *começar.*

Bibliografia

BRANCO, Samuel Murgel. *O meio ambiente em debate*. 3ª ed. São Paulo, Moderna, 2004.

BRIGAGÃO, Clóvis. *A corrida para a morte*. Rio de Janeiro, Nova Fronteira, 1983.

CARSON, Rachel. *Primavera silenciosa*. São Paulo, Melhoramentos, 1962.

CONTI, Laura. *Ecologia*. São Paulo, Hucitec, s/d.

DUMONT, Renê. *A utopia ou a morte*. Rio de Janeiro, Paz e Terra, 1975.

DUPUY, Jean-Pierre. *Introdução à crítica da ecologia política*. Rio de Janeiro, Civilização brasileira, 1980.

LEWIS, John. *O homem e a evolução*. Rio de Janeiro, Paz e Terra, 1972.

LUTZENBERGER, José A. *Fim do futuro? Manifesto ecológico brasileiro*. Porto Alegre, Movimento, UFRS, 1976.

MINC, Carlos. *Como fazer movimento ecológico*. Petrópolis, Vozes, 1985.

SNYDER, Ernest Elwood. *Parem de matar-me*. São Paulo, Nacional, 1983.

Na elaboração deste livro foram usados artigos e reportagens, destacando-se as publicações de *O Estado de S. Paulo*, *Jornal da Tarde*, *O Globo*, *Jornal do Brasil*, *Folha de S.Paulo*, *Veja*, *IstoÉ* e outras.